Metodologia do Ensino de História Geografia

Nesta reunião de oito volumes temos o cotejo da progressão epistemológica da História e da Geografia aliada a propostas pedagógicas de atividades avaliativas e de aprofundamento dos conteúdos contemplados. O princípio norteador destas obras é oferecer instrumentos ao corpo docente que viabilizem uma maior sensibilização por parte dos alunos no que tange aos espaços histórico e geográfico, ambientes em que o indivíduo deve reconhecer-se como principal fator modificador.

Volume 1
Didática e Avaliação da Aprendizagem no Ensino de História

Volume 2
Didática e Avaliação da Aprendizagem no Ensino de Geografia

Volume 3
Professor-Pesquisador em Educação Histórica

Volume 4
Professor-Pesquisador em Educação Geográfica

Volume 5
Fundamentos Epistemológicos da História

Volume 6
Fundamentos Epistemológicos da Geografia

Volume 7
O Ensino de História e suas Linguagens

Volume 8
O Ensino

CB059635

Claudia Regina Baukat Silveira Moreira
José Antônio Vasconcelos

Didática e Avaliação da Aprendizagem no Ensino de História

Rua Clara Vendramin, 58 . Mossunguê
CEP 81200-170 . Curitiba . PR . Brasil
Fone: (41) 2106-4170
www.intersaberes.com
editora@editoraintersaberes.com.br

Conselho editorial
Dr. Ivo José Both, (presidente)
Dr.ª Elena Godoy
Dr. Nelson Luís Dias
Dr. Neri dos Santos
Dr. Ulf Gregor Baranow

Editora-chefe
Lindsay Azambuja

Supervisora editorial
Ariadne Nunes Wenger

Analista editorial
Ariel Martins

Análise de informação
Jerusa Piccolo

Revisão de texto
Jurema Otiz
Schirley H. de Gois Hartmann

Capa
Denis Kaio Tanaami

Projeto gráfico
Bruno Palma e Silva

Diagramação
Mauro Bruno Pinto

Iconografia
Danielle Scholtz

Dados Internacionais de Catalogação na Publicação (CIP)
(Câmara Brasileira do Livro, SP, Brasil)

Moreira, Claudia Regina Baukat Silveira
   Didática e Avaliação da Aprendizagem no Ensino de História / Claudia Regina Baukat Silveira Moreira, José Antonio Vasconcelos. – Curitiba: InterSaberes, 2012. – (Coleção Metodologia do Ensino de História e Geografia, v. 1).

   Bibliografia.
   ISBN 978-85-8212-459-8

   1. Aprendizagem – Avaliação 2. História – Estudo e ensino 3. Prática de ensino 4. Professores – Formação profissional I. Vasconcelos, José Antônio II. Título III. Série.

12-09362   CDD-907

Índice para catálogo sistemático:
1. História: Estudo e ensino 907

1ª edição, 2012.

Informamos que é de inteira responsabilidade dos autores a emissão de conceitos.

Nenhuma parte desta publicação poderá ser reproduzida por qualquer meio ou forma sem a prévia autorização da Editora InterSaberes.

A violação dos direitos autorais é crime estabelecido na Lei nº 9.610/1998 e punido pelo art. 184 do Código Penal.

Sumário

Apresentação, 7
Introdução, 9

História na vida, História na escola, 13
    1.1   Por que estudar História, 15
    1.2   O que ensinar em História, 18
Síntese, 26
Indicações culturais, 26
Atividades de Autoavaliação, 27
Atividades de Aprendizagem, 30

Como ensinar História, 31
    2.1   O ensino de História, 33
    2.2   A postura docente, 35
    2.3   História cronológica ou História temática?, 45
    2.4   Uso escolar do documento histórico, 49
    2.5   Livro didático e outros suportes de informação, 54

Síntese, 55

Indicações culturais, 56

Atividades de Autoavaliação, 56

Atividades de Aprendizagem, 59

O documento histórico na sala de aula, 61

3.1   O trabalho com o documento histórico, 63

3.2   Os documentos oficiais, 65

3.3   A fotografia, 72

3.4   As artes plásticas, 75

3.5   Outras fontes para outras Histórias, 84

Síntese, 89

Indicações culturais, 89

Atividades de Autoavaliação, 90

Atividades de Aprendizagem, 92

Aprendizagem e avaliação, 93

4.1   O que aprender em História, 95

4.2   O que avaliar em História, 97

4.3   Instrumentos de avaliação, 99

Síntese, 103

Indicações culturais, 105

Atividades de Autoavaliação, 105

Atividades de Aprendizagem, 106

Considerações finais: Para que ensinar História?, 109

Referências, 113

Bibliografia comentada, 117

Glossário, 121

Gabarito, 123

Sobre os autores, 127

Apresentação

Se você está lendo estas linhas, é porque alguma coisa o inquieta na sala de aula. Essa inquietação não pode ser vista como mero descontentamento. Com certeza é mais; é desejo de fazer do seu trabalho uma prática transformadora; é permitir-se ousar, dar passos além, cativar o aluno para o conhecimento desta que é, a nosso ver, a disciplina mais importante do currículo escolar (e afirmamos isso sem nenhum medo de sermos parciais) – a História*.

---

* Nesta obra, optamos por grafar a palavra **história** com a inicial maiúscula sempre que nos referirmos à disciplina de História, a um campo de estudo ou à sequência de acontecimentos e fatos históricos.

Com este material, esperamos contribuir com o seu trabalho. As páginas que se seguem, em conjunto com a realização das atividades propostas, pretendem proporcionar momentos de reflexão sobre a organização do trabalho pedagógico no ensino de História para que novas práticas surjam a partir de então. Assim, duas questões nortearam a elaboração do que você verá a seguir: Como fazer? Por que fazer?

Dessa forma, chegamos a quatro grandes temáticas. As referentes a **por que** devemos estudar História e, em decorrência, ao **que** devemos ensinar em História são a linha mestra do primeiro capítulo, no qual pretendemos refletir sobre os princípios norteadores da disciplina de História e apresentar critérios que auxiliem na definição dos conteúdos e de seu respectivo recorte. O segundo capítulo trata da questão do **como** ensinar a História, de que posturas pode o professor assumir e **de que modo** pode fazer bom uso dos suportes de informação. O terceiro capítulo apresenta metodologias possíveis para o trabalho com o **documento histórico**, compreendido em cada uma de suas linguagens. Por fim, dedicamos o quarto capítulo à reflexão sobre a **avaliação**, tentando aproximá-la da realidade mais concreta vivida cotidianamente pelo professor.

Visando facilitar o aprendizado, todos os capítulos têm uma estrutura semelhante. Depois da apresentação do conteúdo de cada unidade, você encontrará uma síntese do que foi ali discutido e poderá verificar seu nível de apreensão do conhecimento por meio das atividades propostas. Além disso, caso deseje aprofundar-se no tema, apresentamos sugestões de livros, filmes e outros materiais pertinentes às questões abordadas. Há também a indicação de atividades práticas para serem realizadas em grupo, que visam provocar a reflexão entre a teoria e a prática, bem como contribuir para a elaboração do seu portfólio pessoal.

Enfim, este material foi pensado como uma contribuição para o aprimoramento da prática docente, que, acreditamos, deve ser alicerçada em sólido conhecimento teórico.

Introdução

Se as coisas são inatingíveis... ora!
Não é motivo para não querê-las...
Que tristes os caminhos, se não fora
A presença distante das estrelas!
Mario Quintana

Parece que a escola tem perdido terreno para outras fontes de informação que primam pela interatividade e pela ludicidade. Boa parte dos adolescentes prefere passar horas na internet, buscando informações e curiosidades, a dedicar um pouco que seja de seu tempo ao estudo rigoroso. Por outro lado, tem sido frequente ouvirmos que, por vivermos na era do conhecimento, na sociedade da informação, a escola seria obsoleta, pois obtemos tudo o que necessitamos pelos meios de comunicação.

A nosso ver, ambas as considerações contêm equívocos. Elas partem de pressupostos que nosso trabalho busca superar: em primeiro lugar, o que move a escola é o conhecimento. Mas o que move a produção do conhecimento? Essa produção é condicionada pela necessidade, mas não apenas a necessidade material, imediata. Portanto, é a curiosidade humana que nos instiga a ir além. Então, a escola não deveria ser um lugar da negação da interatividade e da ludicidade. Quando ela o é, é porque se cristalizou uma concepção de conhecimento que a compreende como um dado, e não uma construção. Esse conhecimento engessado, apresentado sob a forma de dogma, não instiga ninguém.

Quanto ao fato de que a escola seria um espaço dispensável na contemporaneidade e que seu destino seria a extinção, outro equívoco. De fato, temos acesso a muita informação. Mas o que devemos fazer com ela? Em que medida isso melhora (ou piora) a vida? Precisamos pensar nessas questões. Que lugar melhor para isso que a escola? E que disciplina melhor para isso que a História?

Historicamente, a escola se constituiu como espaço de introjeção de limites. Entretanto, os professores podem, com seu trabalho, convertê--la em um espaço de possibilidades. Eles e os alunos não podem perceber-se como mero resultado de determinadas conjunturas e considerar que tudo está determinado. Concordamos com Paulo Freire (1996, p. 59-60), quando afirma que

> Não posso me perceber como uma presença no mundo mas, ao mesmo tempo, explicá-la como resultado de operações absolutamente alheias a mim. Neste caso o que faço é renunciar à responsabilidade ética, histórica, política e social que a promoção do **suporte** a **mundo** nos coloca. Renuncio a participar e cumprir a vocação ontológica de intervir no

mundo. O fato de me perceber no mundo, com o mundo e com os outros me põe numa posição em face do mundo que não é de quem não tem nada a ver com ele. Afinal, minha presença no mundo não é a de quem a ele se adapta mas a de quem nele se insere. É a posição de quem luta para não ser apenas objeto, mas sujeito também da história. [grifo do original]

E como fazer para percebermos a nossa inserção no mundo e na História? Como fazer para compreendermos quem somos e o que nos é possível fazer? Esse é, a nosso ver, o papel contemporâneo da História na escola. Contudo, para que essa finalidade seja atingida, faz-se premente repensar a prática escolar. Determinar quais são os conteúdos relevantes, quais conceitos os alunos devem dominar; definir uma forma de ensinar que privilegie o raciocínio e o prazer de aprender; compreender a avaliação em sua dimensão formativa são nossos desafios.

Esperamos que este material possibilite o início dessa discussão. Desejamos contribuir para o aprimoramento da prática educativa e também para devolver ao professor o prazer no magistério. Nossa intenção não é esgotar o debate, é apenas iniciá-lo. E para aqueles que cinicamente não veem alternativa, pois tudo está dado e decidido, fica a provocação do poeta.

Capítulo 1

Neste capítulo, apresentaremos as razões que justificam o estudar a História e os objetivos de sua permanência no currículo escolar. Apresentaremos ainda critérios que auxiliam na definição dos conteúdos a serem trabalhados em sala, a maneira como os conceitos devem ser abordados no decorrer do processo de escolarização e como o cotidiano e a realidade social local devem ser utilizados, de forma a conduzir o aluno à ultrapassagem do que já maneja e conhece em direção à incorporação e à reelaboração dos conceitos, tendo em vista a utilização desse conhecimento como ferramenta para o exercício da cidadania.

História na vida, História na escola

1.1 Por que estudar História?

A História sempre foi parte essencial do currículo escolar da educação básica. Mesmo no período colonial, com o ensino jesuíta, ela estava lá, na forma de História Sagrada ou de Histórias de vidas de santos (hagiografia). Às vezes, seus conteúdos se combinaram com os de Geografia, dando origem à disciplina de Estudos Sociais. Mas, mesmo disfarçada, ela de modo algum esteve ausente.

No mundo atual, não é difícil entender a pertinência de disciplinas como Matemática, Física, Química ou Língua Estrangeira Moderna. Afinal, os conteúdos dessas disciplinas são essenciais para as atividades industriais e comerciais. Aprendê-los significa claramente maior capacitação para o mercado de trabalho. Mas o que dizer da História? Saber os pormenores das sociedades do passado certamente não aumenta muito nossas chances de arranjar um emprego, a não ser que esse emprego seja o de professor de História. É improvável que uma empresa que atua no setor de produção ou de serviços contrate um novo empregado considerando o fato de que este tem profundos conhecimentos de História da Roma Antiga, por exemplo. Em função disso, há quem argumente que a História é uma disciplina inútil e que por isso pode e deve ser excluída do currículo escolar.

Esse posicionamento, além de falso, é ideologicamente muito perigoso. Ele parte do princípio de que o ser humano é simplesmente uma coisa entre outras, um ser que pouco ou nada faz além de trabalhar e consumir. Pelo contrário, o ser humano é um ser de cultura, e é isso que faz a vida humana tão rica e variada. E a História, nesse sentido, é uma disciplina muito importante. Ela nos torna mais plenamente conscientes de nossa identidade social.

Para entendermos melhor o papel da História em nossa vida, vamos tomar um exemplo tirado do filme *Blade Runner, o caçador de androides*, do diretor Ridley Scott. Uma das personagens do filme, suposta filha de um cientista importante, descobre que é na verdade um androide, isto é, uma máquina com forma humana. Todas as lembranças que ela tinha desde a infância não eram experiências reais que tinha vivido, mas informações implantadas pelo cientista em seu cérebro cibernético. A partir do momento em que descobre a verdade sobre si mesma, ela passa a viver uma intensa crise existencial. Tal crise, no entanto, não se deve à indignação por a terem feito de tola, mas, sim, ao fato de ela não ter mais certeza de quem era realmente.

Isso significa que é por meio de nossas experiências passadas que construímos nossa própria identidade. Sabemos quem somos no presente porque podemos estabelecer relações entre as experiências que vivemos no passado e que nos tornaram o que somos hoje. E é exatamente por ter consciência de nossa própria identidade que somos capazes de agir efetivamente no presente. É por conhecermos nosso próprio passado que somos capazes de entender nosso papel no presente e agir no mundo de modo a transformá-lo no futuro.

Mas, assim como temos uma identidade individual, temos também uma identidade social. Somos, por exemplo, brasileiros. Existe uma identidade comum a todo povo que ultrapassa o âmbito da individualidade. O "ser brasileiro" já existia antes do nosso nascimento e provavelmente vai continuar existindo após a nossa morte. Não obstante, esse "ser brasileiro" é parte essencial do que somos hoje. Conhecer e compreender a História do povo brasileiro é, portanto, conhecer-nos e compreender-nos melhor também.

Cícero, um importante pensador romano da Antiguidade, definia a História como "mestra da vida". Para ele, a História servia para a instrução moral dos jovens, uma vez que traz exemplos de ações virtuosas, dignas de serem imitadas, e ações más, que devem ser evitadas. Hoje, é claro, temos uma concepção mais ampla e mais complexa da História como disciplina ou campo de conhecimento, mas, mesmo assim, a definição de Cícero ainda faz muito sentido. A História nos ajuda a tomar decisões de como agir.

Não devemos pensar com isso que a História seja equivalente a uma receita de bolo: coisas que deram certo no passado vão dar certo no presente, e coisas que deram errado no passado vão também dar errado no presente. Não, nada disso. O contexto em que determinada ação do passado ocorreu foi outro, e nada pode garantir que a mesma ação, se executada no presente, apresentará os mesmos resultados. Mas o estudo da História efetivamente aguça e amplia nossa compreensão da realidade social e ajuda-nos a nortear a ação social no presente.

1.2 O que ensinar em História

Cada professor, em sua prática docente, enfrenta sérios problemas, pois sofre diversas pressões – terminar todos os capítulos do livro, dar todo o conteúdo que vai cair na seleção para o ensino médio ou no vestibular. Vivemos o dilema de oferecer quantidade ou qualidade. Diante disso, partamos de uma constatação evidente, mas que a maioria de nós fica constrangida de admitir: se desejamos construir uma prática de ensino de História que privilegie a compreensão do aluno como sujeito da História, de uma história que não é dada e sim construída, não é possível trabalhar todo o conteúdo programático! Isso porque nosso trabalho exige escolhas. E uma das mais importantes é assumir a responsabilidade pelo trabalho com o conhecimento, ultrapassando o mero repasse de informações.

> *Para informar aí estão, bem à mão, jornais e revistas, a televisão, o cinema e a internet. Sem dúvida que a informação chega pela mídia, mas só se transforma em conhecimento quando devidamente organizada. E confundir informação com conhecimento tem sido um dos grandes problemas de nossa educação [...]. Exatamente porque a informação chega aos borbotões, por todos os sentidos, é que se torna mais importante o papel do bom professor.* (Pinski; Pinski, 2005, p. 22)

Ser um bom professor significa, por um lado, estar em sintonia com o que a ciência de referência tem produzido. Significa, no nosso caso, conhecer a historiografia, o que os historiadores profissionais têm discutido, têm produzido. Por outro lado, significa também saber como o aluno aprende em cada etapa da vida. A ausência dessa reflexão tem conduzido os professores a, ao selecionar conteúdos e métodos, reproduzir uma cultura escolar já sedimentada (Rocha, 2002).

Mas como fazer para selecionar os conteúdos? O primeiro critério é a obtenção de uma resposta adequada ao "porquê". Por que ensinar isso? Para que serve trabalhar determinado conteúdo em sala?

Se nossa opção é pela difusão e pela reelaboração do conhecimento – sim, porque nossos alunos fazem a sua própria leitura com base em suas experiências de vida! –, a seleção do que ensinar deve ser balizada pelas questões que hoje nos inquietam e a nossos alunos. Ou, como defendem Carla e Jaime Pinsky, as aulas de História devem estar comprometidas com o passado e com o presente, mas não no sentido de encontrar no passado justificativas para o presente, ou de estudar o passado pelo passado. Significa, por um lado, colocar esse conhecimento a serviço da compreensão e da interpretação do mundo e, por outro, ter como lastro os fatos históricos (caso contrário, estaremos construindo ficção) (Pinski; Pinski, 1996, p. 23-24).

Partindo do pressuposto de que a História estuda a **experiência das pessoas no tempo** (Thompson, 1981), nossa prática educativa deve objetivar justamente que cada aluno e cada aluna percebam que, para além das experiências alheias (vividas em outros tempos e outros espaços), há as suas próprias experiências, que ocorrem na História, com outras pessoas. Como fazer isso é o nosso grande desafio metodológico. Quanto a por que fazê-lo, Paulo Miceli (2000, p. 39-40) explicita:

> *É do que somos – ou julgamos ser – que devem partir as perguntas para que possamos ser o que queremos (ou precisamos) ser, não para julgarmos se o que se fez no passado esteve ou não **correto** – ambição de toda História moralista –, mas para entender, mesmo que seja à custa desse passado, por que fazemos o que fazemos hoje, apesar de tantas lições esclarecedoras. [...] Enquanto essas questões não levarem à insônia os professores de História, eles continuarão pregando para as pedras do deserto e ninguém prestará atenção neles. Parece mais interessante ver surgir, lentamente, um fungo de um pedaço de algodão umedecido do que ouvir relatos sobre a formação e desintegração de*

*grandes impérios [...] Parece e é, porque o fungo, na sua modéstia, representa uma **criação**. É algo novo que surge à frente de quem aprende: cheira à vida, enquanto a História cheira à poeira, coisa velha e cheia de traças e retratos de mortos famosos e carrancudos, com bigodões e óculos fora de moda.* [grifo do original]

1.2.1 A apreensão dos conceitos históricos

Reafirmando o que dissemos anteriormente, nossa função como professores de História é proporcionar a nossos alunos as condições para, ao se perceberem como sujeitos da História, tomar decisões, para usufruir do pleno exercício da cidadania. Nesse sentido, a História é um **instrumento** a serviço dessa construção. E, como acontece com todo corpo de conhecimentos devidamente sistematizado, torna-se premente a apreensão dos conceitos que norteiam a produção do conhecimento histórico.

Mas, para começar, devemos ter clareza de algo que é quase um senso comum pedagógico: o nosso ponto de partida é a experiência do aluno. No dia a dia, eles já manejam determinados conceitos – economia, sociedade, tempo, cultura, estado –, porém de maneira assistemática. Por essa razão, um cuidado essencial deve ser tomado: o conhecimento que o aluno já traz é tão somente **ponto de partida**, pois, do contrário, nosso trabalho é vão. Nossa meta deve ser a ultrapassagem desse ponto, pois, se for para o aluno apenas reproduzir o que já sabe, de nada adianta a escola.

O desafio não é simples. Os conceitos são noções abstratas, construções lógicas[*] e, quanto mais novo o aluno, mais difícil se torna sua

---

[*] Conceito. In: JAPIASSÚ, Hilton; MARCONDES, Danilo. **Dicionário básico de filosofia**. 3. ed. rev. atual. Rio de Janeiro: J. Zahar, 2001. p. 48.

compreensão e, portanto, mais complexa a sua transposição para uma linguagem compreensível. Por isso, não deve ser consagrado apenas um momento do ano para o trabalho com conceitos, pois também são ferramentas a serviço da compreensão da realidade (lembrando que, para a História, o que já aconteceu também é realidade). Cada vez que um determinado aspecto do conteúdo exigir o manejo e o domínio de um determinado conceito, é o momento para trabalhar com ele e sistematizá-lo. Dessa forma, à medida que o aluno avança nos estudos, sua compreensão vai se aprofundando.

Mas como fazer isso de forma a, paulatinamente, conduzir o aluno a níveis mais profundos de abstração – e, portanto, mais afastados da sua realidade – e de forma a apresentar o conceito dentro de sua historicidade e fazer com que seja assim compreendido, ou seja, dentro do contexto a partir do qual foi produzido? (Schimidt; Cainelli, 2004, p. 64). Schmidt e Cainelli (2004, p. 66), a partir do que indica Cristòfol Trepat*, sugerem que o trabalho de compreensão deve ser organizado da seguinte forma:

1. *Identificar os conceitos em fontes primárias e/ou secundárias.*
2. *Orientar a organização dos conceitos com base em algum critério de classificação.*
3. *Identificar conceitos em fontes diferentes, compará-los observando as semelhanças e as diferenças.*
4. *Comunicar os conceitos em diferentes contextos, como frases, parágrafos, dissertações, temas e narrativas históricas.*

Um grande cuidado que devemos tomar é relativo justamente à questão da historicidade dos conceitos. Há o risco concreto de, ao não se

---

* TREPAT, Cristòfol. **Procedimientos en historia**: un punto de vista didáctico. Barcelona: Graó/Universidad de Barcelona, 1995.

permitir uma adequada reflexão a seu respeito, reproduzir estereótipos. Expliquemos melhor por meio de um exemplo bastante conhecido, mas sempre ilustrativo. O conceito de Idade Média que temos introjetado é, via de regra, norteado por imagens de guerras, execuções, fome, epidemias. Tanto que, quando alguém quer dizer que uma atitude é muito ultrapassada, refere-se a ela, pejorativamente, como sendo "medieval". Essa visão da Idade Média, construída ainda no Renascimento (a ideia da "noite de mil anos"), deixa de lado toda a riqueza medieval, expressa em suas construções, em sua poesia, em sua filosofia (Pernoud, 1979). O que pode evitar esse tipo de armadilha? Um sólido conhecimento do professor.

1.2.2 O cotidiano e a formação da identidade

Anteriormente, quando nos referimos à realidade do aluno como ponto de partida para o trabalho escolar, fazíamos referência ao fato de que é **a partir** e **no** cotidiano que a criança e o adolescente constroem, junto às demais pessoas que os cercam, a sua identidade. Mas não se trata apenas de uma relação de transmissão de valores de uma geração a outra dentro de um mesmo grupo, como o postulado pode inicialmente sugerir.

O processo de construção da identidade é muito mais complexo. Supõe também o contraste, ou seja, **eu** sou o que o **outro** não é. A Antropologia tem se ocupado sistematicamente da questão[*], mas para os professores o que precisa ficar claro é que a escola pode ocupar lugar de destaque nesse processo, em particular nas aulas de História, para ir além.

Dizemos que pode ocupar porque, na maior parte das vezes, ela tem

---

[*] A título de exemplo, ver o texto clássico: BARTH, Fredrik. Grupos étnicos e suas fronteiras. In: POUTIGNAT, Philippe; STREIFF-FENART, Jocelyne. **Teorias da etnicidade**. São Paulo: Unesp, 1998. p. 189-227. O autor deixa claro que o que chama de *unidade étnica* é qualquer grupo humano, e o que chama de *fronteira* são os critérios de pertença a esse grupo.

reforçado as particularidades de grupos em detrimento de uma perspectiva humanista. Trata-se da efetividade de uma História em migalhas, como afirma François Dosse em referência à Nova História francesa (Dosse, 2003), embora não seja uma exclusividade desse país, conforme constata Maria de Lourdes Janotti (1998, p. 42-53):

> *Ao abraçar perspectivas antropológicas e literárias, muitas vezes o discurso historiográfico [bem como o conhecimento histórico trabalhado em sala], também no Brasil, tornou-se presa de meras constatações e narrativas sobre um cotidiano despolitizado, desvinculando-se da própria consciência histórica que, acima de tudo, pressupõe a definição ética do historiador [e do professor de História] perante seu tempo. Em decorrência disso, não resta dúvida que o ensino passou a correr o risco de fragmentar-se e prender-se ao círculo de sua própria prática [...].*

Nossos alunos, na sua maioria vivendo a adolescência, têm construído sua identidade apenas de forma contrastiva, definida em relação aos outros – não é adulto, não é de um determinado grupo, pertence a uma outra **tribo** –, quebrando um vínculo necessário com as gerações antecedentes, opondo-se a esse legado e, inclusive, negando-o, em um processo que se inicia ainda nos anos 60 do século passado(Shorter, 1995). Isso, do ponto de vista do exercício da cidadania, tem consequências nefastas, como afirma Eric Hobsbawm (1995, p. 13):

> *A destruição do passado – ou melhor, dos mecanismos sociais que vinculam nossa experiência pessoal à das gerações passadas – é um dos fenômenos mais característicos e lúgubres do final do século XX. Quase todos os jovens de hoje crescem numa espécie de presente contínuo, sem qualquer relação orgânica com o passado público da época em que vivem. Por isso os historiadores, cujo ofício é lembrar o que outros esquecem, tornam-se mais importantes que nunca no fim do segundo*

milênio. Por esse mesmo motivo, porém, eles têm de ser mais que simples cronistas, memorialistas e compiladores.

O que desejamos esclarecer com isso é, mais uma vez, que a realidade cotidiana do aluno pode e deve ser usada como ponto de partida do trabalho, mas jamais devemos contentar-nos com isso como ponto de chegada, pois, admitida essa hipótese, estaremos limitando o nosso trabalho ao universo do aluno, condenando-o a ficar aprisionado a esse universo e negando-lhe o acesso ao patrimônio cultural da humanidade, imprescindível para a nossa compreensão como sujeitos no mundo.

1.2.3 O local e o universal

Diante do que foi explicitado anteriormente, o que fazer? É inegável que, para que sejam ricas em significado, as aulas de História devem abarcar também a realidade local, mais imediata. Mas, como advertem Schmidt e Cainelli (2004, p. 112),

> *Em primeiro lugar, é importante observar que uma realidade local não contém, em si mesma, a chave de sua própria explicação, pois os problemas culturais, políticos, econômicos e sociais de uma localidade explicam-se, também, pela relação com outras localidades, outros países e, até mesmo, por processos históricos mais amplos. Em segundo lugar, ao propor o ensino da História local como indicador da construção da identidade, não se pode esquecer de que, no atual processo de mundialização, é importante que a construção de identidade tenha marcos de referência relacionais, que devem ser conhecidos e situados, como o local, o nacional, o latino-americano, o ocidental e o mundial.*

Então, qual a razão de sua abordagem? Em primeiro lugar, como já foi suficientemente frisado, porque temos como ponto de partida o que o aluno já conhece. Mas não se trata apenas de constatar o já conhecido. Significa também lançar um novo olhar sobre o cotidiano, assumir, junto com os alunos, uma postura de estranhamento. Por exemplo, por que praticamente todo município tem uma rua ou praça chamada XV de Novembro? Para nós, é evidente a resposta. Para o nosso aluno, não. O mesmo pode ser feito a partir da observação de prédios antigos, na entrevista com pessoas mais velhas.

Nosso papel, como professores de História, é auxiliar o aluno na transposição dessa visão parcial e fragmentada da realidade para uma mais sistemática, que leve em consideração uma perspectiva **diacrônica** e as relações que sua realidade mais próxima estabelece com contextos sociais mais amplos. Acerca disso, ao se referir à pesquisa (guardadas as devidas particularidades, podemos estender essas considerações ao ensino), Jacques Revel (1998, p. 25) defende que a chamada *abordagem micro-histórica*

> *propõe que não basta que o historiador retome a linguagem dos atores que estuda, mas que faça dela um indício de um trabalho ao mesmo tempo mais amplo e mais profundo: o de construção de identidades sociais plurais e plásticas que se opera por meio de uma rede cerrada de relações (de concorrência, de solidariedade, de aliança etc.).*

Ou seja, trata-se de uma abordagem imprescindível se desejamos fazer de nossas aulas uma oportunidade para a reflexão acerca da identidade e que permita a incorporação de outras vozes, que a abordagem macro, via de regra, silencia. Além disso, faz da História algo a que, de fato, o aluno pertence, contribuindo verdadeiramente para a sua percepção como sujeito da História.

Síntese

Este capítulo teve início com uma reflexão acerca das razões pelas quais se justificam o estudo da História e, em consequência, a imprescindibilidade de seu ensino na educação básica. A seguir, diante da constatação de que é necessário realizar escolhas, diante da impossibilidade concreta de contemplar "toda a História", foi definida como critério de seleção a relevância do tema para os alunos e para o professor. Foi apresentada a discussão acerca do papel das aulas de História na reflexão sobre as identidades sociais e a abordagem que deve ser dada à História local, de forma que o aluno compreenda sua articulação com a realidade maior.

Indicações culturais

Os títulos a seguir permitem uma reflexão sobre a relação entre memória, História e identidade.

Filmes

BLADE runner, o caçador de androides. Direção: Ridley Scott. EUA, 1982.
> *Considerado um clássico da ficção científica, o filme permite a reflexão sobre a relação que estabelecemos entre memória e identidade.*

UMA CIDADE sem passado. Direção: Michael Verhoeven. Alemanha, 1989.
> *Esse filme permite várias reflexões, como, por exemplo, a forma como se desenvolve a pesquisa histórica e os interesses envolvidos no registro oficial da História.*

ADEUS, Lênin! Direção: Wolfgang Becker. Alemanha, 2003.
Ambientado no contexto do fim da Guerra Fria, permite compreender a relação entre cultura material e identidade.

Livros

ASIMOV, Isaac. **O homem bicentenário**. Porto Alegre: L&PM, 2000.
Esse conto foi adaptado para o cinema em 1999, mas o resultado final na tela é extremamente inferior ao texto. Na dúvida, prefira o livro.

Atividades de Autoavaliação

1. Sobre as razões da inserção da História como disciplina curricular na educação básica, analise as seguintes assertivas:

I. Na atualidade, é importante o resgate da noção de patriotismo e, nesse sentido, o ensino de História pode contribuir na medida em que estudar o surgimento da nação, bem como de seus vultos exemplares, pode inspirar as atitudes de nossos alunos no exercício da cidadania.

II. A construção da nossa identidade – pessoal ou social – perpassa o conhecimento de nosso passado, individual, familiar ou coletivo. Nesse sentido, o estudo da História pode nos proporcionar a reflexão acerca de quem somos.

III. Ensina-se e aprende-se História dada a necessidade que temos de nortear nossas ações atuais com base no que a experiência da humanidade, no passado, mostra-nos como sendo soluções prováveis para determinados impasses e problemas.

São verdadeiras as assertivas:
a) I e III.
b) III.

c) II e III.
d) II.

2. Sobre a utilização do cotidiano do aluno nas aulas de História, analise as assertivas a seguir:

I. É imprescindível a utilização do cotidiano do aluno, pois, dessa maneira, ele conseguirá estabelecer relação entre o que vive e o que estuda, identificando-se como sujeito da História.
II. Deve se constituir como ponto de partida do trabalho pedagógico. A partir do cotidiano, devem ser conduzidas extrapolações que permitam ao aluno a compreensão de outras realidades, em outros tempos e lugares.
III. Deve ser usada com cautela, sempre procurando estabelecer diálogo entre a realidade mais imediata do aluno (seu cotidiano) e outras realidades. Se esse cuidado não for tomado, corre-se o risco de reforçar estereótipos e lugares-comuns.

São corretas as alternativas:
a) I e II.
b) I, II e III.
c) II e III.
d) I e III.

3. Acerca da relação entre ensino de História e manejo de conceitos, analise as assertivas a seguir:

I. O momento adequado para trabalhar determinado conceito é quando o conteúdo exigir seu manejo.
II. É preciso predeterminar aulas específicas para o trabalho com os conceitos, por se tratar de elaborações complexas.
III. Os alunos não apresentam elaboração alguma sobre os conceitos, o que dificulta o ensino de História.

São verdadeiras as assertivas:
a) III.
b) II.
c) I.
d) I e II.

4. Sobre o papel do professor de História, é **incorreto** afirmar:
   a) Deve promover a transposição de conhecimentos fragmentados para conhecimentos sistematizados.
   b) Deve levar em conta a realidade imediata do aluno, elementos da História local, sem perder de vista sua articulação com outros espaços, dada a realidade do processo de mundialização.
   c) Deve provocar no aluno o estranhamento ao que parece ser amplamente conhecido, a partir de questionamentos acerca da realidade que o cerca.
   d) Deve manifestar satisfação com o que o aluno produz em um determinado momento e compreender que esse é o limite aonde ele pode chegar.

5. Sobre o ensino da História local, é correto afirmar:
   a) Pode dar voz a grupos que, em uma abordagem macro, ficariam fora da História.
   b) É dispensável, tendo em vista que os alunos realizam operações mais complexas.
   c) Não pode constituir-se em objeto de avaliação, já que se constitui apenas ponto de partida para o trabalho.
   d) Deve ser concentrado nos anos iniciais da escolarização.

Atividades de Aprendizagem

Questões para Reflexão

Leia o texto *Perguntas de um trabalhador que lê*, de Bertolt Brecht, disponível na página 29 do *site* <http://www.iea.usp.br/iea/artigos/konderbrecht.pdf>, para responder às questões que seguem.

1. Qual é a visão de História defendida pelo autor da poesia?

2. Essa visão de História pode ser ensinada em sala de aula?

Atividade Aplicada: Prática

Prepare uma aula introdutória, de início de ano, a partir da leitura da poesia mencionada na atividade anterior. Lembre-se de que o objetivo é construir com os alunos uma noção do que é História e de quem são seus sujeitos.

Capítulo 2

Neste capítulo, abordaremos aspectos que conduzam à reflexão acerca da forma como as atividades de ensino devem ser planejadas, tendo em vista a postura desejável do professor de História, o modo como o livro didático e outros suportes de informação devem ser abordados em sala de aula e os pressupostos que justificam a utilização, nesse contexto, do documento histórico em sua especificidade.

Como ensinar História

2.1 O ensino de História

Nos últimos tempos, o ensino de História no Brasil tem sofrido grandes transformações. Há algumas décadas, a História ensinada nas escolas se resumia, de um modo geral, a uma lista de acontecimentos políticos. Aos alunos cabia a memorização de nomes, datas, locais e algumas palavras-chave indicando a natureza do evento estudado. Em uma avaliação escolar era importante, por exemplo, que os alunos soubessem dizer ou escrever que Dom Pedro I proclamou a Independência do Brasil às margens do Rio Ipiranga em 7 de setembro de 1822. Questões do tipo "o que a Independência significou no contexto social, cultural, político e econômico da época?" ou "como esse processo foi vivenciado no cotidiano das pessoas daquele tempo?" dificilmente eram cogitadas.

Esse modelo de ensino de História, que hoje chamamos de *tradicional*, tinha raízes profundas. Desde a época dos jesuítas, principais educadores durante grande parte do período colonial no Brasil, já se insistia na memorização dos conteúdos escolares. O bom aluno não era aquele que sabia expressar sua criatividade. Pelo contrário: era melhor avaliado aquele que soubesse reproduzir fórmulas prontas a partir de um esquema de perguntas e respostas. Por isso, não é difícil entender por que ainda hoje muitos pais de alunos ficam indignados quando a professora ou o professor não passa a seus alunos um "questionário" para a prova. Para muitas pessoas, a ideia de que a História deve ser **entendida** e não simplesmente **decorada** ainda causa muita confusão.

A partir da reflexão trazida pela escola dos *Annales*, corrente historiográfica surgida na França nos anos de 1930, a partir da publicação da revista de mesmo nome, os historiadores profissionais têm buscado novos objetos, novas teorias, novas metodologias. Além dos acontecimentos políticos, a História procura resgatar também o cotidiano, as estruturas econômicas, as práticas culturais e outros aspectos dos povos do passado. A História ensinada nas escolas tem respondido a essas mudanças incorporando esses novos interesses no currículo. Além disso, novas teorias e métodos educacionais têm contribuído para um redirecionamento das práticas pedagógicas no ensino de História. A mera repetição e memorização de informações isoladas, como nomes e datas, têm dado lugar a um processo mais complexo e, ao mesmo tempo, mais dinâmico. Contemporaneamente, os currículos foram estruturados para que o educando saiba estabelecer relações entre diferentes fatos ou estruturas de modo a formar uma visão de conjunto da realidade histórica. Em outras palavras, o aluno deixa de ser visto como um ser passivo, reprodutor de um conhecimento que recebe de modo pronto e acabado, e passa a ser entendido como agente na construção do saber.

De modo geral, aceita-se de bom grado que o ensino de História mudou para melhor. Porém, é necessário evitar dois erros bastante comuns. O primeiro é acreditar que se trata de uma mudança uniforme e pouco problemática. Esse é um grande equívoco, pois as mudanças, tanto no campo da pesquisa histórica (ou **historiografia**) quanto no da pedagogia, apontam para direções múltiplas e muitas vezes conflitantes. O segundo erro é pensar que as novas abordagens vieram para substituir as antigas, como se o que é velho devesse ser jogado na lata de lixo. Isso não é verdade. Novas tendências historiográficas ou pedagógicas frequentemente surgem a partir de críticas aos modelos antigos, mas não deixam de incorporar os pontos fortes desses modelos. Em função disso, é interessante acompanharmos, ainda que brevemente, as tentativas de superação da História tradicional e do ensino tradicional de História.

2.2 A postura docente

O objeto da educação, como campo de estudo, é o processo de ensino-aprendizagem. Utilizamos um substantivo composto porque, embora o processo seja o mesmo, ele pode ser estudado sob dois pontos de vista diferentes: o daquele que ensina (isto é, o professor) e o daquele que aprende (isto é, o aluno).

A existência desses dois polos nos permite estabelecer basicamente três grandes tendências na educação, associadas a três diferentes posturas docentes. A primeira delas é a chamada *pedagogia tradicional*, na qual o professor se vê na condição de um **transmissor** de conteúdos. Nesse sentido, é privilegiado o polo do **ensino**, como se o professor fosse o único agente do processo educacional, e o educando, um ser puramente passivo. A segunda é a pedagogia da Escola Nova, na qual o professor é visto como um **facilitador** da aprendizagem. Essa tendência dá primazia à **aprendizagem**, enfatizando o papel do aluno na construção do conhecimento, mas relegando o docente a um papel acidental e periférico nesse processo. A terceira tendência é composta pelas pedagogias progressistas, nas quais o professor se situa como **mediador** entre os alunos e os conteúdos escolares. Essa tendência não trabalha exclusivamente nem com o ensino, nem com a aprendizagem, mas com a relação entre ambos.

2.2.1 A pedagogia tradicional

Na pedagogia tradicional, o professor assume uma postura autoritária. O saber escolar é algo que se possui. Os alunos, que não possuem esse saber, vão recebê-lo, em uma atitude passiva de assimilação de tudo o que o professor ensina em sala de aula. Nesse sentido, os alunos aprendem na medida em que são capazes de **reproduzir** o saber **transmitido** pelo professor. Os conteúdos que o professor não trabalha em sala de aula estão para além das possibilidades dos alunos, e aquilo que o professor ensina deve ser tomado como verdade absoluta e inquestionável.

Na prática, a pedagogia tradicional pressupõe que os alunos se organizem em fileiras voltadas para o professor, de modo que este seja sempre o centro das atenções. Aos alunos cabe anotar tudo o que o professor fala ou escreve no quadro de giz. A disciplina, nessa perspectiva, é essencial: o bom aluno é aquele que se mantém sempre em silêncio e que se movimenta o mínimo possível. O mau aluno é aquele que conversa com os colegas, não presta atenção na aula ou não para quieto.

Não é difícil perceber que a pedagogia tradicional trabalha quase que exclusivamente com o modelo de aula expositiva. É importante, porém, não perder de vista que o que caracteriza a pedagogia tradicional não é a aula expositiva em si, mas a postura do professor. Como procedimento metodológico, a aula expositiva pode ser utilizada dentro de praticamente qualquer perspectiva teórica. O professor adota uma postura tradicional não quando utiliza a aula expositiva, mas, sim, quando descarta outros procedimentos metodológicos e quando se coloca como supremo e único detentor do saber.

Outra característica da abordagem tradicional é a ênfase dada à memorização dos conteúdos. O estudo da História passa a ser entendido como uma memorização de nomes, datas, fatos e lugares. O importante, nessa perspectiva, é saber quem fez tal coisa em tal lugar. É importante saber, por exemplo, que o Marechal Deodoro da Fonseca proclamou a República em 15 de novembro de 1889, no Rio de Janeiro. As motivações que levaram o Marechal Deodoro a esse gesto são deixadas em segundo plano ou sufocadas sob a imagem do proclamador da República como um "herói nacional". As consequências sociais, políticas, econômicas e culturais do advento da República são, na maioria das vezes, simplesmente ignoradas. A compreensão do processo histórico não é avaliada. O que importa são os nomes, as datas, os fatos e os lugares a serem **memorizados**.

A postura docente adotada na perspectiva tradicional, devemos reconhecer, tem seus aspectos positivos. Sufocando a participação dos alunos, torna-se mais fácil cumprir o cronograma previamente estabelecido. Além disso, as avaliações podem ser exclusivamente de caráter objetivo, o que torna muito mais fácil e rápida sua correção. Para uma realidade educacional como a nossa, com turmas numerosas, em que atividades como correção de provas e lançamento de notas tomam tempo demasiado do professor, essa é uma vantagem que não pode ser subestimada.

Contudo, as desvantagens da pedagogia tradicional são muito maiores. O ensino de História na educação básica tem como objetivo tornar o aluno mais consciente de sua identidade social, para que assim ele possa intervir efetiva e conscientemente na realidade social em que se situa. Mas uma abordagem tradicional faz exatamente o contrário: além de não contribuir para a formação da consciência crítica do aluno, torna-o dependente do saber imposto pelo professor de modo autoritário. Isso decorre também da forma como essa perspectiva encara o próprio conhecimento, compreendido como pronto e acabado, inquestionável, o que se reflete na forma como o professor se porta em sala.

2.2.2 A pedagogia da Escola Nova

A pedagogia da Escola Nova parte de uma concepção completamente oposta à da pedagogia tradicional. Para os teóricos escolanovistas, o aluno não é um ser passivo, mas, ao contrário, o principal agente no processo de ensino-aprendizagem. Na concepção tradicional, os alunos entram na escola com graus diferenciados de aprendizagem e também saem dela com graus diferenciados. O professor tradicional, contudo, trata os alunos de modo homogêneo, como se fossem todos iguais. Além de sufocar o desenvolvimento da individualidade do educando, a pedagogia tradicional acaba se tornando um forte fator de desmotivação: para os que têm um ritmo mais acelerado de aprendizagem, a aula se torna monótona, ao passo que, para aqueles que têm um ritmo mais lento, a aula parece confusa. Com isso, pouco ou quase nada se aprende.

Para superar essas dificuldades, a pedagogia escolanovista parte basicamente de dois conceitos: o de **disciplina espontânea** e o de **ambiente previamente preparado**.

Segundo os teóricos do escolanovismo, a **disciplina imposta** "de fora para dentro", sob a ameaça do castigo, típica da abordagem tradicional, cria ressentimento e não contribui para o desenvolvimento da autonomia do aluno. Em substituição à disciplina coercitiva, tais teóricos propõem o desenvolvimento de uma **disciplina espontânea**. Se o aluno se sentir motivado, naturalmente ele se concentrará na atividade escolar, mesmo na ausência da coerção. Nesse sentido, o ensino deve se dar a partir da apresentação progressiva de pequenos desafios, geralmente na forma de jogos e brincadeiras, nos quais, a cada vez que supera o desafio proposto, o aluno se sente motivado a passar para o estágio seguinte. Talvez a melhor analogia que podemos estabelecer usando esse conceito seja com o *video game*: a criança ou adolescente não joga porque sofre de ameaça de castigo, mas porque percebe que está continuamente superando a si mesmo.

Para que a disciplina espontânea funcione na prática, é necessário que o professor tenha um ambiente previamente planejado, no qual estejam disponíveis materiais didáticos de aspecto lúdico. O aluno deve interagir com esse ambiente e, por sua própria iniciativa, desenvolver o processo de aprendizagem. O professor, nessa perspectiva, coloca-se como um facilitador da aprendizagem. Se em determinado momento o aluno se sente desmotivado e está prestes a abandonar uma atividade que tenha iniciado, cabe ao professor ajudar o aluno a superar esse desafio momentâneo para que o processo de aprendizagem não se interrompa. Em outras palavras, é o aluno que assume o papel de agente no processo de ensino-aprendizagem. O professor está disponível **quando e se** o aluno precisa de sua ajuda. Se o aluno consegue dar conta de suas atividades sozinho, o professor é completamente dispensável. Nessa abordagem, então, o papel do professor é acidental e periférico.

A pedagogia da Escola Nova e a consequente postura do professor que ela implica, significam, sem dúvida, um grande avanço em comparação com a pedagogia tradicional. Além de promover a autonomia do aluno, a perspectiva escolanovista respeita as características e o ritmo de aprendizagem individual do aluno. Entretanto, a ideia de professor-facilitador da aprendizagem esbarra em dois problemas muito sérios.

Em primeiro lugar, a atenção ao aluno como indivíduo pode ir longe demais e promover o individualismo. Se a pedagogia tradicional faz mal em tratar indivíduos diferentes como se fossem todos iguais, a pedagogia da Escola Nova também faz mal ao trabalhar os alunos individualmente, como se estes não tivessem nada em comum. Por mais que teóricos escolanovistas, como John Dewey, tentem superar esse problema, propondo fazer da escola uma "comunidade de investigação científica", o fato é que por trás da metodologia da Escola Nova existe uma ideologia de caráter marcantemente liberal e individualista.

Em segundo lugar, a ideia de que o professor esteja atento às particularidades individuais do aluno requer que trabalhe necessariamente com turmas pouco numerosas. De outro modo, como dar atenção individual a todos? A realidade educacional brasileira, porém, é outra.

Nas escolas brasileiras, são comuns turmas de mais de 30 alunos, o que torna a metodologia escolanovista inviável. Assim, as únicas experiências eficazes de aplicação do método da Escola Nova no Brasil restringem-se a umas poucas escolas particulares que cobram mensalidades muito acima da média, o que exclui uma parcela significativa da população em idade escolar.

2.2.3 As pedagogias progressistas

Por pedagogias progressistas devemos entender o conjunto de correntes teóricas que não destacam o papel do professor ou do aluno isoladamente, mas buscam compreender como se dá a **relação** entre ambos.

Embora a palavra *progressista* tenha se tornado um rótulo que abrange um número muito grande de correntes teóricas – por vezes com características bastante diferentes entre si, se não quando francamente opostas –, ainda assim podemos identificar um elemento comum a todas elas: o professor se coloca não como transmissor de conhecimentos nem como facilitador da aprendizagem, mas como **mediador** no processo da educação.

O papel de mediador pode assumir formas diferenciadas, de acordo com a perspectiva teórica adotada ou mesmo a estratégia de ensino utilizada em uma situação específica. Contudo, uma forma interessante de abordar essa noção é a partir do conceito de **mediação simbólica**, do psicólogo soviético Lev Vygotsky (1993). De acordo com esse autor, a relação entre o indivíduo e o meio não é direta, mas sofre a mediação de signos. Estes podem ser entendidos como marcas (imagens, sons, vocábulos, gestos etc.) que remetem a determinados significados: por exemplo, o desenho de uma nota em uma partitura remete a um som de determinada frequência e duração. A mediação simbólica é o que possibilita ao ser humano a constituição de linguagens (verbais e não verbais). Essas linguagens, por sua vez, são o que torna possível o pensamento humano. Nesse sentido, a mediação serve de ponte entre o sujeito de conhecimento e o objeto conhecido. Nessa passagem, o objeto não é tomado de forma neutra, mas, pelo contrário, carregado de significado simbólico.

A noção de mediação pode, de certa forma, também ser aplicada à figura do professor em sua relação com o aluno. Nas vertentes progressistas, prevalece a concepção de que o professor serve como uma ponte para que os alunos possam alcançar os objetivos propostos. Como mediador, o docente não pode ser neutro em relação aos conteúdos escolares, devendo haver um engajamento tanto cognitivo quanto moral. Em outras palavras, o professor deve defender aquilo que acredita ser cognitivamente verdadeiro e moralmente correto. Assim, em oposição à Escola Nova, o papel desempenhado pelo professor é fundamental e imprescindível. No entanto, diferente do que ocorre na pedagogia tradicional, o aluno não fica eternamente na dependência do professor. Pelo contrário, a aprendizagem deve promover uma autonomia crescente do aluno.

No caso específico do ensino de História, podemos partir do pressuposto de que os alunos trazem para a escola um saber geralmente adquirido de modo informal e não sistemático. Partindo de atividades pertinentes ao cotidiano do aluno, o professor deve conduzir a uma formalização desses conhecimentos. A partir de um debate sobre atitudes liberais e conservadoras no seio familiar, por exemplo, o docente pode levar os alunos a uma compreensão sobre liberalismo e conservadorismo na política ou na economia, o que é fundamental para o estudo de alguns conteúdos de História. Recortando fotografias de mulheres em revistas, os alunos podem iniciar uma reflexão sobre estereótipos e preconceitos acerca da condição feminina e de como estes se constituem historicamente. O uso de procedimentos considerados tradicionais, como a aula expositiva, não deve ser abolido, desde que se abra espaço à participação dos alunos.

2.2.4 Tendências pedagógicas e comprometimento docente

Conforme vimos anteriormente, o comprometimento do docente pode se dar em dois níveis: **cognitivo** (envolvendo uma teoria do conhecimento verdadeiro) e **moral** (envolvendo as noções de bem e mal, certo e errado, no agir humano). Esse comprometimento, para respeitar as particularidades culturais dos alunos sem perder de vista valores universais, deve se situar a meio caminho entre duas posições extremadas: o dogmatismo e o relativismo.

O **dogmatismo** constitui o posicionamento daquele que impõe e/ou aceita dogmas, isto é, verdades e/ou valores absolutos e inquestionáveis. Assim concebido, o dogmatismo é congruente com a postura do professor-transmissor, característica da pedagogia tradicional. Nesta, o professor impõe aos alunos ideias e valores que eles devem assimilar passivamente. Não se abre espaço ao questionamento, ao debate, à participação democrática. Esse posicionamento assume um caráter marcantemente conservador, pois contribui para a reprodução do que já existe e não favorece a emergência do novo.

O **relativismo** constitui o posicionamento daquele que considera válido qualquer enunciado ou qualquer valor moral. Essa é, em grandes linhas, a postura docente do professor-facilitador. Este, em sua ânsia de favorecer a participação do aluno, julga-se neutro no processo de ensino-aprendizagem e acredita que, quanto menos interferir no julgamento do aluno, mais liberdade este tem de desenvolver sua criatividade. Nessa concepção, como o aluno constitui o agente do processo de aprendizagem, enfatiza-se a sua autonomia, a sua capacidade de formar suas próprias convicções, tanto epistemológicas quanto morais. Embora o ideal visado pela abordagem escolanovista seja bastante nobre – estimular a autonomia e a participação democrática –, ela corre o risco de fomentar a relatividade de todas as ideias e valores, fazendo, assim, com que tudo seja aceito, mesmo o que se apresenta como absurdo ou moralmente repugnante.

É claro que a caracterização das posturas docentes relativas à pedagogia tradicional e à Escola Nova é extrema e só tem valor como modelo de análise. Na prática, é muito improvável que o professor, por mais tradicional que seja, não abra algum espaço para a participação dos alunos. Do mesmo modo, na prática docente, é muito difícil que o professor-facilitador não busque direcionar o encaminhamento da aprendizagem de acordo com os objetivos que ele mesmo previamente estabeleceu (o que não deixa de ser, de certo modo, uma forma de autoritarismo). Mas, apesar dessas ressalvas, não podemos deixar de reconhecer que o dogmatismo e o relativismo são posicionamentos favorecidos pelas concepções tradicional e escolanovista, respectivamente.

Diante do impasse entre autoritarismo e relativismo, a melhor alternativa é a adoção de uma perspectiva progressista, na qual o aluno tem espaço para expressar suas próprias ideias, mas também na qual o professor exerce um papel ativo, evidenciando o caráter anti-humanista de determinados posicionamentos cognitivos ou morais.

Talvez a melhor maneira de esclarecer a postura docente do professor-mediador seja por meio de um exemplo prático. Observemos a experiência relatada por José Vasconcelos (2006):

> *Há alguns anos, lecionava História para turmas de quinta série e, comentando sobre o massacre de membros do Movimento dos Trabalhadores Rurais Sem-Terra (MST), ocorrido em Eldorado dos Carajás, no Pará, um de meus alunos disse que aquilo já deveria ter ocorrido há muito mais tempo. No momento não entendi sua colocação e pedi que se explicasse melhor. Ele me respondeu que os sem-terra eram um bando de desocupados e que mereciam todos morrer fuzilados. Aquele comentário chocou-me duplamente, pelo seu conteúdo e pela naturalidade com que foi pronunciado. Caberia, naquela ocasião, uma repreensão severa diante dos colegas? É óbvio que não. O comentário feito pelo aluno em sala de aula deveria ser reflexo do que se falava em casa, com igual naturalidade, durante as refeições. Contudo, se todos temos o direito de expressar nossa simpatia, seja pelos sem-terra, seja pela elite rural, desejar a morte dos membros de todo um movimento social constitui uma ideia paradoxal e escandalosa, e cabia a mim como docente que isso ficasse bem claro a todos. Em outras palavras, cabia a mim o papel de mediador entre um posicionamento político até certo ponto perfeitamente legítimo – a simpatia por uma classe social, no caso os latifundiários – e suas consequências frente a um princípio moral dos mais fundamentais, o direito à vida.*

Esse exemplo mostra, de forma evidente, como a postura do professor-mediador contribui para evitar as posições extremadas, tanto do dogmatismo quanto do relativismo. Se, diante de uma situação análoga, o professor simplesmente censurar o aluno, afirmando que este está errado, estará adotando uma postura dogmática e impondo seus próprios valores de forma unilateral. Mas se, pelo contrário, ele estimular o aluno a expressar suas próprias convicções, por mais extremas e chocantes que possam ser, o professor estará sendo conivente com um posicionamento moralmente inaceitável, caindo, assim, no relativismo. O que fazer, então? Na qualidade de mediador, o professor deve, antes de qualquer coisa, procurar compreender o aluno em seus próprios termos. A partir daí se estabelece uma relação dialógica, na qual o professor não só respeita como também estimula a capacidade do aluno de formar suas próprias convicções, mas sem perder de vista valores universais, como o respeito à vida humana, por exemplo.

2.3 História cronológica ou História temática?

Durante muito tempo, os conteúdos de História na educação básica eram organizados em dois grandes blocos: História Geral e História do Brasil. Em ambos os casos, privilegiava-se uma abordagem cronológica, com ênfase nos acontecimentos políticos. O objetivo desse modelo, embora não totalmente explícito, era levar os alunos a uma melhor compreensão da formação do Estado brasileiro e, dessa forma, prepará-los para o exercício da cidadania. O Estado nacional moderno se caracteriza por uma estrutura política hierarquizada, que detém o monopólio sobre a cobrança de impostos e o aparato policial e militar, além de possuir soberania sobre determinado território. Povos que não se organizassem de forma análoga ao Estado moderno ou que não tivessem muita influência na formação do Ocidente eram deixados de lado.

Assim, os conteúdos de História Geral, por exemplo, tinham início com o estudo das grandes estruturas políticas da Antiguidade – o Egito e os Reinos Mesopotâmicos – e seguiam uma trajetória linear que desembocava no cenário político internacional do mundo contemporâneo. Povos nômades entravam acidentalmente na narrativa histórica, geralmente quando era necessário esclarecer algum aspecto de uma sociedade que possuísse algo em comum com o Estado nacional moderno. Os hicsos, que eram nômades, por exemplo, só figuram na História por terem conquistado o Império Egípcio, que constituía um Estado. Povos do Extremo Oriente, como a China e a Índia, eram simplesmente ignorados, uma vez que sua influência para a formação do Ocidente é mais remota.

Os conteúdos de História do Brasil, por sua vez, tinham início a partir do descobrimento do Brasil. Os povos indígenas eram vistos como atrasados e ignorantes e, pelo fato de possuírem estruturas políticas diminutas, eram comparados desfavoravelmente com outros povos nativos da América, como os Maias, os Incas e os Astecas, que ergueram grandes impérios. Tal como se fazia em História Geral, o ensino de História do Brasil seguia uma narrativa linear, enfatizando aspectos políticos e a formação da nação. Cultuava-se a memória dos grandes heróis nacionais, geralmente personalidades importantes na política e influentes na construção da ideia de uma nação brasileira (Tiradentes, Dom Pedro I, Marechal Deodoro da Fonseca, entre outros).

Esse modelo de ensino de História estava evidentemente em descompasso com a produção historiográfica desenvolvida nas universidades, especialmente a partir da segunda metade do século XX. Enquanto o ensino priorizava os acontecimentos políticos do passado, muitos historiadores estavam se voltando à História do cotidiano e das mentalidades. Enquanto o ensino de História tratava de objetos amplos (a formação da nação brasileira ao longo de 500 anos; a civilização do Ocidente ao longo de milhares de anos), muitos historiadores acadêmicos estudavam objetos minúsculos (a vida de uma aldeia camponesa no sul da França em um intervalo de 20 anos, por exemplo). Enquanto os professores do ensino primário e secundário trabalhavam com uma noção tradicional de tempo histórico (a cronologia do calendário), a pesquisa acadêmica se abria a outros níveis de temporalidade.

Esse descompasso exigiu que, na década de 1990, fossem feitas reformas profundas na organização dos conteúdos de História na educação básica. Uma das primeiras tentativas de mudança foi a implementação da chamada *História integrada*. Esse novo modelo seguia a narrativa da História Geral e aprofundava conteúdos pertinentes à História do Brasil quando, cronologicamente, um fato da História do Brasil era simultâneo a determinado contexto histórico mundial. Estudavam-se, por exemplo, a Revolução de 1930 e o governo de Getúlio Vargas junto com os acontecimentos históricos mundiais do período entre as duas Guerras Mundiais.

Embora a História integrada seja o modelo mais amplamente utilizado no ensino de História no Brasil atualmente, ele não significa necessariamente uma ruptura assim tão radical com o modelo anterior. Em muitos livros didáticos, ainda encontramos um predomínio da narrativa linear de aspectos políticos com ênfase na formação do Estado nacional moderno, particularmente do Estado brasileiro. Podemos dizer, sem risco de exagerar, que muitos autores de livros didáticos simplesmente "repaginaram" suas obras, de forma que os conteúdos de História do Brasil, que antes eram apresentados separadamente, fossem inseridos na História Geral. Naturalmente, em algumas obras didáticas podemos perceber o esforço de trazer para os alunos da educação básica um modelo renovado, mais em sintonia com as tendências historiográficas contemporâneas. De um modo geral, essa renovação trouxe resultados positivos. Contudo, o anseio de inovar acabou também inspirando verdadeiras monstruosidades, como é o caso dos Parâmetros Curriculares Nacionais (PCN). Neste momento, não discutiremos em detalhes essa obra; apontaremos tão somente aquilo que consideramos o problema mais grave dos PCN de História: a proposta de uma História temática descomprometida com a cronologia.

2.3.1 É possível uma História não temática?

Em princípio, não é incongruente pensar em uma apresentação dos conteúdos de História que desenvolva um tema e, ao mesmo tempo, siga uma narrativa cronológica. O Antigo Egito, por exemplo, como **tema** de estudo, pode ser dividido em Período Pré-Dinástico, Antigo Império, Médio Império e Novo Império. Em outras palavras, quatro fases consecutivas e ordenadas **cronologicamente**. Do mesmo modo, o governo de Getúlio Vargas constitui um **tema** que pode ser apresentado como uma sequência de acontecimentos cuja **cronologia** se estende de 1930 a 1945.

Entretanto, um número considerável de educadores convencionou chamar de *História temática* uma abordagem na qual a apresentação dos conteúdos se dá a partir de temas previamente escolhidos, demonstrando-se descaso e até mesmo aversão em relação a uma narrativa linear e cronológica. Vejamos um exemplo: nos PCN de História para o ensino médio, há a proposta de se estudar o tema da cidadania. Para tanto, propõe-se trabalhar esse conceito tal como concebido na Antiguidade Grega, na época da Revolução Francesa e no mundo contemporâneo. Não se trata de "fases" ou "períodos consecutivos", mas de diferentes **modos** de pensar o conceito de cidadania.

Assim concebida, a História temática pode até ter seus méritos, mas tem um defeito muito, muito grave: ela esvazia a História de toda e qualquer historicidade. A História, tal como a Sociologia, a Ciência Política ou a Antropologia, estuda as sociedades humanas. Porém, diferentemente das Ciências Sociais, a História tematiza o **tempo**, a partir do qual é possível identificar mudanças e permanências. Abrir mão do tempo significa abrir mão do sentido histórico e esvaziar a História de seu significado específico. É claro que, além da cronologia, há outras várias e diferentes maneiras de conceber o tempo. Podemos pensar o tempo cíclico das estações do ano ou das fases da

Lua, o tempo geográfico das mudanças de longa duração ou o tempo subjetivo, aquele que "demora a passar" quando estamos na fila do banco ou "passa depressa demais" quando estamos nos divertindo. Mas é preciso fazer duas ressalvas. Em primeiro lugar, a compreensão da História exige uma compreensão mínima da passagem do tempo, para que o aluno possa identificar noções de duração, o "antes" e o "depois", sucessão e simultaneidade etc., essenciais para o conhecimento histórico. Em segundo lugar, é necessária uma compreensão mínima do tempo cronológico, pois esse é o principal instrumento do historiador para situar no tempo seus objetos de estudo (acontecimentos, processos, contextos etc.).

Assim, é inconcebível uma História temática que exclua a questão do tempo cronológico em favor de conceitos abstratos. Não que a História temática seja ruim. Pelo contrário, ela representa um grande avanço em relação a modelos anteriores. É preciso ressaltar, porém, que não há nada de errado em combinar o estudo de temas com um encadeamento cronológico dos fatos e dos processos na forma de uma narrativa. O que é necessário, isto sim, é ir além dos temas tradicionais, que se limitam a uma listagem de fatos políticos a serem decorados, e buscar novas abordagens, que levem os alunos a tomar contato com outras questões trabalhadas na historiografia acadêmica, como a cultura, o cotidiano, a condição feminina, as minorias étnicas etc. Isso sem perder a cronologia como moldura de referência.

2.4 Uso escolar do documento histórico

O trabalho historiográfico, como sabemos, ocorre a partir de um trabalho de coleta, seleção e análise de documentos (em uma acepção bastante ampla do termo *documento*). Entretanto, há quem acredite que o documento não seja necessário no ensino de História, e que o material didático deva simplesmente apresentar os conteúdos de forma sistematizada e simplificada. Mas isso é um equívoco. É preciso admitir que em certa medida o material didático deve sistematizar e simplificar o saber histórico produzido na academia, mas o ensino de História não para aí. Em uma perspectiva progressista, o professor deve fazer da sala de aula uma comunidade de investigação científica. Isso não significa transformar os alunos em historiadores, mas dar condições para que eles sejam capazes, por si mesmos, de produzir (e não somente reproduzir) conhecimento histórico.

2.4.1 O trabalho com documentos em sala de aula

É claro que existem documentos históricos inacessíveis ao aluno do primeiro e do segundo ciclos do ensino fundamental. Há documentos escritos em outras línguas, em português arcaico ou simplesmente com um vocabulário e uma sintaxe além das possibilidades de compreensão da maioria dos alunos da educação básica. Mas há também documentos cuja leitura é mais fácil, além de outras formas de vestígios do passado, como imagens ou relatos orais. Além disso, existe a possibilidade de simplificar, para fins didáticos, um texto mais complexo. O que não se justifica é privar os alunos do contato com o documento, essencial para se pensar historicamente.

O trabalho com documentos pode ser grandemente enriquecido se o professor organizar sua própria coletânea de documentos históricos para uso em sala de aula. É importante, contudo, não esquecer que diferentes tipos de documentos devem ser trabalhados em sala de aula de modo diferenciado.

2.4.2 Documentos escritos

Uma das principais preocupações dos historiadores ao analisar um documento escrito é determinar o contexto de sua produção. Saber quem escreveu o texto, quando e em que circunstâncias é fundamental para um adequado entendimento de seu significado histórico. Em função disso, toda transcrição de documento em uma coleção é precedida de uma breve apresentação. O mesmo deve ser feito pelo professor com sua própria coleção de documentos.

Outra observação importante é o tipo de documento escrito apresentado. Textos de época, cartas, notícias de jornal etc. constituem fontes primárias, ao passo que textos de historiadores ou cientistas sociais oferecem uma elaboração posterior das informações contidas nas fontes primárias (por isso, são também chamados de *fontes secundárias*).

Em sala de aula, é importante que o aluno saiba identificar não só o que o texto efetivamente diz, mas também elaborar conjecturas acerca de possíveis significados não explícitos no texto. Em outras palavras, é preciso saber ler nas entrelinhas. O discurso de um político local assinalando os sinais de pobreza da região em que vive, por exemplo, pode ser uma forma sutil de sugerir que essa região necessita de mais financiamentos.

2.4.3 Imagens

O uso imagens no ensino de História torna a aprendizagem muito mais estimulante. Com elas, o aluno pode visualizar cenas do passado, substituindo horas e horas de descrições minuciosas e às vezes até enfadonhas. Mas há certos cuidados que o professor não pode deixar de tomar.

Em primeiro lugar, devemos determinar a época e o contexto no qual a imagem foi produzida. Uma imagem produzida por um artista que viveu durante o período representado tem um valor historiográfico diferente daquela de um outro artista, representando uma cena de uma época que não é a sua. Imagens do artista francês Jean Baptiste Debret, que visitou o Brasil na primeira metade do século XIX e retratou a paisagem e a sociedade daquela época, têm um valor diferente de uma pintura como A *primeira missa no Brasil,* de Victor Meirelles, realizada em meados do século XIX – mais de 300 anos depois do evento representado.

Em segundo lugar, é importante que os alunos compreendam que a imagem não é neutra. Ela é carregada da subjetividade do seu autor. Nesse sentido, podemos encontrar, por exemplo, na iconografia relativa ao período colonial no Brasil, uma série de representações do índio de aspecto demoníaco ou angelical, remetendo assim às crenças religiosas do artista. Mesmo as fotografias não são um retrato objetivo da realidade. Tirar uma fotografia era – e ainda é – uma ocasião especial, na qual as pessoas assumiam posturas e atitudes muitas vezes diferentes daquelas adotadas no cotidiano.

Na análise de uma imagem, portanto, o professor deve orientar os alunos a relacioná-la ao contexto de referência, ao de sua produção e ao de sua leitura no presente.

2.4.4 Relatos orais

Os relatos orais são uma fonte riquíssima para os historiadores estudarem o passado. Coletar o depoimento de uma pessoa que de fato viveu determinado contexto histórico, fazer-lhe questionamentos, pode significar um contato mais "direto" com o passado do que a leitura de textos antigos. No trabalho em sala de aula, a situação é igualmente interessante, pois o aluno da educação básica, geralmente jovem, pode entrevistar familiares ou membros de sua comunidade mais velhos e, desse modo, produzir conhecimento histórico de primeira mão.

Apesar de suas imensas vantagens, é preciso tomar certos cuidados no trabalho com as fontes orais. Em primeiro lugar, a percepção que uma pessoa teve no passado é sempre uma experiência particular e subjetiva. Tanto assim que diferentes pessoas podem relatar um único e mesmo fato de modos distintos. Se uma pessoa diz lembrar-se de um fato, não devemos assumir de imediato que o fato tenha ocorrido exatamente como ela o descreve. Em segundo lugar, com a passagem do tempo, as próprias pessoas mudam. Às vezes, os mais idosos podem até mesmo confundir o fato que vivenciaram com interpretações posteriores desse mesmo fato veiculadas pela mídia.

O trabalho de coleta e análise de informações conseguidas por meio de entrevistas pode resultar em riquíssimo material de pesquisa escolar. Contudo, é necessário orientar os alunos a, com um olhar bastante crítico, formular as perguntas que farão e interpretar os dados recebidos.

2.4.5 Realia

A palavra *realia* é utilizada principalmente por educadores norte-americanos com referência a objetos da vida real utilizados em sala de aula. O professor pode, por exemplo, trazer uma planta para trabalhar um conteúdo de botânica ou um ábaco para ilustrar uma aula sobre sistemas numéricos. No caso específico do ensino de História, podemos usar a palavra *realia* para nos referirmos a objetos do passado que existem no presente. Assim, um gravador antigo pode servir de ponto de partida para uma discussão sobre as mudanças tecnológicas nas últimas décadas; uma peça de roupa pode dar ideia das mudanças no campo da moda e do *design*; mesmo um prédio pode dar pistas sobre como viviam as pessoas no tempo em que foi construído. As atividades com *realia* podem ser realizadas de diversas maneiras. Uma delas é que o professor traga objetos antigos para a sala de aula e explique seu significado por meio de uma aula expositiva. Outra sugestão é a montagem de uma exposição na qual os alunos trazem objetos antigos de casa e eles mesmos explicam a História do objeto que trouxeram. Outra possibilidade é a visita a museus sob a orientação do professor.

É importante destacar que o objeto estudado tem no presente um significado diferente daquele que tinha no passado. Uma ponta de flecha de tempos pré-históricos tem valor hoje como peça de museu e não para caçar animais. No trabalho em sala de aula, o professor deve levar os alunos a compreenderem que os objetos também têm História. Ainda que eles permaneçam os mesmos, os significados que atribuímos a eles mudam com o passar do tempo.

2.5 Livro didático e outros suportes de informação

Como já afirmamos, o trabalho com o livro didático, embora imprescindível, não é suficiente. O livro didático, bem como quaisquer outros tipos de textos que contenham informações que auxiliem na compreensão e na reelaboração do que está contido no documento histórico, são chamados de *suportes de informação*. Ou seja, as enciclopédias, os dicionários, os livros escritos por historiadores e outros cientistas sociais também se encontram nessa categoria.

Esses suportes de informação são importantíssimos para o trabalho do historiador e inclusive para o trabalho do professor, mas, a exemplo do que ocorre quando da utilização dos documentos, seu uso deve passar pelo crivo de uma análise bastante criteriosa. Devemos entendê-los também como fruto de um processo de produção influenciado sobremaneira pelos valores e pelas concepções de quem os produziu. Afinal de contas, também são historicamente determinados. Devemos lembrar ainda que em particular o texto do livro didático é marcado por simplificações e adequações, as quais nem sempre dão conta de explicar convenientemente o fenômeno histórico (Rocha, 2002).

Além disso, os textos didáticos encontram-se ladeados de imagens que sedimentam no aluno a visão que ele tinha a respeito de determinado assunto, salvo se o professor realizar uma boa análise dessas imagens canônicas (o que abordaremos no próximo capítulo). De qualquer forma, o trabalho do professor imprime muito do que o aluno compreende como realidade histórica, como assinala Marc Ferro (1984):

> A imagem que fazemos de outros povos, e de nós mesmos, está associada à História que nos ensinaram quando éramos crianças. Ela nos marca para o resto da vida. Sobre essa representação, que é para cada um de nós uma descoberta do mundo e do passado das sociedades, enxertam-se depois opiniões, ideias fugazes ou duradouras, como um amor... mas permanecem indeléveis as marcas das nossas primeiras curiosidades, das nossas primeiras emoções.

O livro didático, embora já tenha melhorado significativamente, como atesta Circe Bittencourt (2003, p. 52-54), deve ser trabalhado de forma crítica, a partir de atividades que levem o aluno à compreensão do texto, do contexto e também do que não está explícito. Assim, atividades que questionem o uso de expressões para explicar ou descrever determinado assunto ou fato, bem como de ilustrações que reforçam e elucidam o texto, devem ser utilizadas. Isso pode se dar em sala de aula (individualmente ou em grupos) ou ser recomendado como tarefa de casa. Em qualquer uma das situações, é necessário que se retome coletivamente o assunto para que o professor possa verificar o nível de compreensão dos alunos.

Síntese

Neste capítulo, acompanhamos de que maneira as mudanças na forma de produzir o conhecimento histórico foram paulatinamente sendo apropriadas pelas práticas escolares. Vimos ainda que as mudanças se processaram também dentro do ambiente escolar, particularmente na forma como o professor se relaciona com os alunos e com o conteúdo da disciplina. Foram também apresentados os pressupostos que justificam e organizam o trabalho pedagógico com os documentos e com os suportes de informação.

Indicações culturais

BOA noite, boa sorte. Direção: George Clooney. EUA, 2005.
> O filme pode ser usado para a abordagem tando do contexto que quer retratar (o macarthismo dos EUA dos anos 1950) quanto do momento em que foi realizado, em que a liberdade de imprensa era seriamente cerceada.

CIDADÃO Kane. Direção: Orson Welles. EUA, 1941.
> Clássico do cinema, pode ser utilizado quando se deseja realizar trabalhos sobre a influência da mídia e das empresas de comunicação em particular.

DESMUNDO. Direção: Alain Fresnot. Brasil, 2003.
> Ótima oportunidade para que os alunos compreendam a dimensão histórica da linguagem, já que o filme, cuja história se passa no século XVI, durante o processo da colonização portuguesa, é todo falado em português arcaico.

Atividades de Autoavaliação

1. Sobre a postura do professor de História e sua relação com o conhecimento histórico e as perspectivas pedagógicas, relacione a segunda coluna de acordo com a primeira. Atente para o fato de que na segunda coluna todas as assertivas encontram correspondência com as assertivas da primeira coluna:

(1) Pedagogia tradicional
(2) Pedagogia escolanovista
(3) Pedagogias progressistas

( ) O professor é compreendido como mediador entre o aluno e o conhecimento.

( ) Concebe o conhecimento como pronto e acabado, e que ao professor cabe a tarefa de transmiti-lo aos alunos.

( ) Compreende o aluno como sujeito do processo de aprendizagem, cabendo ao professor o papel de facilitador.

( ) Entende o aluno como sujeito que possui conhecimentos assistemáticos e que a tarefa da educação escolar é sistematizar esses conhecimentos.

Assinale a alternativa que corresponde à sequência correta da segunda coluna:

a) 1, 2, 3, 1.
b) 3, 1, 2, 3.
c) 3, 3, 2, 1.
d) 1, 1, 3, 2.

2. Sobre as possíveis formas de organização dos conteúdos de História, analise as afirmações a seguir:

I. Um perigo na organização por temas é que se perca a dimensão cronológica, essencial para o trabalho em História.

II. É impossível abarcar a dimensão cronológica quando se adota a História temática, pois uma perspectiva se encontra diametralmente oposta à outra.

III. A História cronológica, nos livros didáticos, tinha em seu bojo a abordagem de uma temática.

São corretas as assertivas:

a) I, II e III.
b) I e III.
c) II.
d) III.

3. Sobre a utilização de documentos históricos na sala de aula:

I. Deve ocorrer sua substituição pela abordagem melhor sistematizada e mais simplificada apresentada nos livros didáticos.
II. Deve ser precedida pela organização das informações que permitam a sua análise.
III. Como critério para selecionar um documento, o professor deve levar em conta o grau de complexidade dele.

As afirmações que se constituem como problemáticas na abordagem do cinema em aulas de História são:
a) I e II.
b) II e III.
c) I e III.
d) I, II e III.

4. É material considerado suporte de informação:
a) Documento escrito.
b) Filme.
c) Imagens.
d) Livro didático.

5. *Realia* pode ser definida como:
a) objetos que são usados pelas pessoas.
b) objetos que apenas se sabe que existiram.
c) objetos antigos.
d) objetos contemporâneos.

Atividades de Aprendizagem

Questões para Reflexão

1. Produza um texto em que você estabelece a relação entre conhecimento histórico, uso de documento histórico e postura docente na perspectiva das pedagogias progressistas.

2. Qual é a aproximação possível entre História cronológica e História temática?

Atividade Aplicada: Prática

Construa um roteiro de atividades para serem realizadas a partir da leitura do texto didático e que visem à compreensão: (a) do que afirma o texto; (b) das intenções do autor; (c) da relação do texto com as imagens que o ladeiam.

Capítulo 3

No presente capítulo, trataremos da definição e dos usos do documento histórico pelos historiadores e da sua transposição possível para o ambiente escolar. Discutiremos pressupostos **hermenêuticos** e encaminhamentos metodológicos para cada linguagem (documentos escritos, fotografia, artes plásticas, cinema, publicidade, oralidade), de forma a tornar possível sua abordagem em sala de aula. Além disso, apresentaremos modelos de atividades com alguns documentos visando permitir, por analogia, o planejamento de atividades que incluam a análise de documentos.

O documento histórico na sala de aula

3.1 O trabalho com o documento histórico

Se a historiografia do século XIX consagrou o documento histórico como registro de como a História aconteceu **de fato**, as diferentes tendências historiográficas do século XX contestaram enfaticamente essa noção. Nessa perspectiva, o documento perdeu o *status* de prova do real e passou a ser encarado como uma testemunha, uma **evidência** do passado (Schmidt, 1997, p. 7-17). Hobsbawm (1998) enfatiza a questão, afirmando que aos historiadores (e, no nosso caso, aos professores de História) compete a defesa do fundamento da disciplina: se a História não se propõe mais a narrar o passado como ele aconteceu, ela o faz tendo o indício contido no documento como premissa.

Não desejamos aprofundar os pressupostos teóricos que justificam o trabalho com o documento histórico – posto que já foram enfocados no capítulo anterior. Nossa intenção é apresentar estratégias possíveis para viabilizar a abordagem do documento em sala de aula. Ou seja, desejamos apresentar estratégias de trabalho que ofereçam ao professor critérios de reflexão e ação, sempre adequados à especificidade de cada uma das linguagens e à realidade na qual ele trabalha.

Contudo, cabe ainda uma reflexão anterior. Se as aulas de História são o espaço privilegiado para que o aluno se compreenda como sujeito, e se essa compreensão pressupõe perceber-se inserido em um mundo em crise – crise do emprego, do modelo de família, do Estado –, os professores devem, na condição de tão sujeitos quanto seus alunos, buscar, junto com eles, possíveis soluções. Para Janice Theodoro (2005, p. 51), a única arma de que dispomos para vencer esse desafio é pensar.

> Mas é necessário aprender a pensar. Como somos historiadores, podemos abrir caminho observando que só há um fato histórico no interior de uma situação-problema. Se não há questão, não nos resta nada ou quase nada a fazer. Portanto, para que possamos vencer o desafio da vida contemporânea, temos que problematizar a realidade que nos cerca. Para problematizar, o primeiro passo é conhecer.

Reafirmamos essa questão por entendermos que é da difusão do conhecimento e da cultura que vive o professor. De pouco, ou nada, adianta ter domínio das técnicas – do como fazer – se não houver domínio do conteúdo e interesse (e paixão, por que não?) pela cultura.

> *O professor precisa ter conteúdo. Cultura. Até um pouco de erudição não faz mal algum. Sem estudar e saber a matéria não pode haver ensino. [...] Afinal, se o professor é o elemento que estabelece a intermediação entre o patrimônio cultural da humanidade e a cultura do educando, é necessário que ele conheça, da melhor forma possível, tanto um quanto outro. [...] Noutras palavras, cada professor precisa, necessariamente, ter um conhecimento sólido do patrimônio cultural da humanidade. Por outro lado, isso não terá nenhum valor operacional se ele não conhecer o universo sociocultural específico do seu educando, sua maneira de falar, seus valores, suas aspirações. A partir desses dois universos culturais é que o professor realiza o seu trabalho, em linguagem acessível aos alunos.* (Pinsky; Pinsky, 2005, p. 22-23)

Agora, o nosso desafio é pensar a respeito de como estabelecer essa ponte entre o conhecimento sistematizado e a realidade do aluno. Dentre várias formas, explicitaremos a seguir como podem ser tratados os documentos históricos, em várias linguagens.

3.2 Os documentos oficiais

Quando a História se constituiu como disciplina acadêmica, no século XIX, os chamados *documentos oficiais* foram considerados a única fonte para se acessar uma História **como de fato havia sido**, conforme dizia então o historiador alemão Leopold von Ranke. Esses documentos – emitidos pela Igreja e pelo Estado – eram considerados a prova viva da trajetória dessas instituições. Dessa forma, a História era a História das instituições. Não havia lugar para as pessoas. Havia pessoas notáveis a serviço de instituições.

Iniciamos falando dessa temática, para que possamos refletir acerca do uso que fazemos do documento oficial em sala. Via de regra, os manuais didáticos sempre o citam como exemplo, para legitimar seu conteúdo. Dessa forma, acabam por reproduzir a visão de História da **historiografia metódica**, ao negar ao aluno a oportunidade de se perceber como sujeito do processo histórico, que concebe a História como um dado e não como decorrente de um processo de construção.

Mas como abordar o documento oficial de forma diferente? Que tipo de atividade pode ser feito em sala de aula com o documento oficial a fim de, além do trabalho com conteúdo específico, propiciar ao aluno uma aprendizagem significativa? Como superar a visão de que o documento oficial apenas "ilustra", "exemplifica" ou "reforça" o conteúdo? A título de exemplo, apresentaremos a seguir duas sugestões de encaminhamento metodológico a partir do documento oficial. A partir da observação dessas atividades, poderemos conduzir uma reflexão a respeito do uso desse tipo de documentação.

3.2.1 A Carta de Caminha

Quando se trata da constituição dos Estados nacionais modernos, ou quando se inicia o estudo específico da História do Brasil, temática recorrente é a questão do descobrimento (ou, como o próprio escrivão se refere, o "achamento") do Brasil. A famosa carta de Pero Vaz de Caminha, embora muito citada, poucas vezes é abordada em sala, ou nos materiais didáticos, de forma a permitir ao aluno a compreensão dela como uma crônica, uma narrativa possível sobre as terras recém-achadas.

A nosso ver, o professor pode transformar esse texto em uma ótima oportunidade de refletir, a partir do levantamento dos assuntos que são abordados na carta, sobre as intenções da Coroa portuguesa quanto à empreitada além-mar; sobre a visão que se constrói a respeito do índio; sobre a visão que seu autor tem a respeito das terras. Para compreender bem o que queremos dizer, leia a seguir alguns trechos do documento (você pode acessá-lo na íntegra no *site* <http://www.cce.ufsc.br/~nupill/literatura/carta.html>).

Senhor,

Posto que o Capitão-mor desta Vossa frota, e assim os outros capitães escrevam a Vossa Alteza a notícia do achamento desta Vossa terra nova, que se agora nesta navegação achou, não deixarei de também dar disso minha conta a Vossa Alteza, assim como eu melhor puder, ainda que – para o bem contar e falar – o saiba pior que todos fazer! [...]

[...] Avistamos homens que andavam pela praia, uns sete ou oito, segundo disseram os navios pequenos que chegaram primeiro. [...]

Pardos, nus, sem coisa alguma que lhes cobrisse suas vergonhas. Traziam arcos nas mãos, e suas setas. Vinham todos rijamente em direção ao batel. E Nicolau Coelho lhes fez sinal que pousassem os arcos. E eles os depuseram. Mas não pôde deles haver fala nem entendimento que aproveitasse, por o mar quebrar na costa. Somente arremessou-lhe um barrete vermelho e uma carapuça de linho que levava na cabeça, e um sombreiro preto. E um deles lhe arremessou um sombreiro de penas de ave, compridas, com uma copazinha de penas vermelhas e pardas, como de papagaio. E outro lhe deu um ramal grande de continhas brancas, miúdas que querem parecer de aljôfar, as quais peças creio que o Capitão manda a Vossa Alteza. E com isto se volveu às naus por ser tarde e não poder haver deles mais fala, por causa do mar. [...]

A feição deles é serem pardos, um tanto avermelhados, de bons rostos e bons narizes, bem feitos. Andam nus, sem cobertura alguma. Nem fazem mais caso de encobrir ou deixar de encobrir suas vergonhas do que de mostrar a cara. Acerca disso são de grande inocência. Ambos traziam o beiço de baixo furado e metido nele um osso verdadeiro, de comprimento de uma mão travessa, e da grossura de um fuso de algodão, agudo na ponta como um furador. Metem-nos pela parte de dentro do beiço; e a parte que lhes fica entre o beiço e os dentes é feita a modo de roque de xadrez. E trazem-no ali encaixado de sorte que não os magoa, nem lhes põe estorvo no falar, nem no comer e beber. [...]

O Capitão, quando eles vieram, estava sentado em uma cadeira, aos pés uma alcatifa por estrado; e bem vestido, com um colar de ouro, mui grande, ao pescoço. E Sancho de Tovar, e Simão de Miranda, e Nicolau Coelho, e Aires Corrêa, e nós outros que aqui na nau com ele íamos, sentados no chão, nessa alcatifa. Acenderam-se tochas. E eles entraram. Mas nem sinal de cortesia fizeram, nem de falar ao Capitão; nem a alguém. Todavia um deles fitou o colar do Capitão, e começou a fazer acenos com a mão em direção à terra, e depois para o colar, como se quisesse dizer-nos que havia ouro na terra. E também olhou para um castiçal de prata e assim mesmo acenava para a terra e novamente para o castiçal, como se lá também houvesse prata!

Mostraram-lhes um papagaio pardo que o Capitão traz consigo; tomaram-no logo na mão e acenaram para a terra, como se os houvesse ali.

Mostraram-lhes um carneiro; não fizeram caso dele.

Mostraram-lhes uma galinha; quase tiveram medo dela, e não lhe queriam pôr a mão. Depois lhe pegaram, mas como espantados.

Deram-lhes ali de comer: pão e peixe cozido, confeitos, fartéis, mel, figos passados. Não quiseram comer daquilo quase nada; e se provavam alguma coisa, logo a lançavam fora.

Trouxeram-lhes vinho em uma taça; mal lhe puseram a boca; não gostaram dele nada, nem quiseram mais.

Trouxeram-lhes água em uma albarrada, provaram cada um o seu bochecho, mas não beberam; apenas lavaram as bocas e lançaram-na fora.

Viu um deles umas contas de rosário, brancas; fez sinal que lhas dessem, e folgou muito com elas, e lançou-as ao pescoço; e depois tirou-as e meteu-as em volta do braço, e acenava para a terra e novamente para as contas e para o colar do Capitão, como se dariam ouro por aquilo.

Isto tomávamos nós nesse sentido, por assim o desejarmos! Mas se ele queria dizer que levaria as contas e mais o colar, isto não queríamos nós entender, por que lho não havíamos de dar! E depois tornou as *contas a quem lhas dera. E então estiraram-se de costas na alcatifa, a dormir sem procurarem maneiras de encobrir suas vergonhas, as quais não eram fanadas; e as cabeleiras delas estavam bem rapadas e feitas. [...]*

Até agora não pudemos saber se há ouro ou prata nela, ou outra coisa de metal, ou ferro; nem lha vimos. Contudo a terra em si é de muito bons ares frescos e temperados como os de Entre-Douro-e-Minho, porque neste tempo d'agora assim os achávamos como os de lá. Águas são muitas; infinitas. Em tal maneira é graciosa que, querendo-a aproveitar, dar-se-á nela tudo; por causa das águas que tem! [...]

E desta maneira dou aqui a Vossa Alteza conta do que nesta Vossa terra vi. E se a um pouco alonguei, Ela me perdoe. Porque o desejo que tinha de Vos tudo dizer, mo fez pôr assim pelo miúdo.

E pois que, Senhor, é certo que tanto neste cargo que levo como em outra qualquer coisa que de Vosso serviço for, Vossa Alteza há de ser de mim muito bem servida, a Ela peço que, por me fazer singular mercê, mande vir da ilha de São Tomé a Jorge de Osório, meu genro – o que d'Ela receberei em muita mercê.

Beijo as mãos de Vossa Alteza.

Deste Porto Seguro, da Vossa Ilha de Vera Cruz, hoje, sexta-feira, primeiro dia de maio de 1500.

Pero Vaz de Caminha. (Caminha, 2006)

A partir da leitura do documento, sugerimos as seguintes questões para encaminhamento metodológico:

~ A esquadra de Cabral realizava a expedição a mando de quem?
~ O que explica a presença de uma pessoa exclusivamente para registrar a viagem (no caso, o escrivão Pero Vaz de Caminha)?
~ De que maneira são descritos os habitantes das terras recém-achadas?
~ Qual ou quais são os objetivos da expedição? Em que momento do texto isso fica evidente?

~ Como o autor da carta descreve as terras? Suas conclusões fundamentam-se em quê?

Essas questões podem tanto se constituir como guias para uma conversa com os alunos quanto em atividade para ser feita em grupos. O que definirá a exata forma de encaminhamento é o perfil do professor e da turma. O que não se deve perder de vista é o fato de que esse documento não faz um retrato da realidade como de fato ela era e, sim, da forma como o seu autor a **interpretava**.

O momento que mais evidencia isso é expresso nos seguintes termos:

> Viu um deles umas contas de rosário, brancas; fez sinal que lhas dessem, e folgou muito com elas, e lançou-as ao pescoço; e depois tirou-as e meteu-as em volta do braço, e acenava para a terra e novamente para as contas e para o colar do Capitão, como se dariam ouro por aquilo.
> **Isto tomávamos nós nesse sentido**, por assim o desejarmos! Mas se ele queria dizer que levaria as contas e mais o colar, isto não queríamos nós entender, por que lho não havíamos de dar! (Caminha, 2006, grifo nosso)

Além disso, há a referência ao caráter pacífico dos autóctones e a afirmação de que esta seria uma terra de inigualável fertilidade devido à abundância de água. Como poderia o escrivão afirmar isso de maneira tão incisiva com apenas oito dias de contato (de 22 de abril a 1º de maio)? O trabalho com esse tipo de documentação deve ter esse caráter questionador.

3.2.2 Registro de batismo

Até a Proclamação da República, a prerrogativa de realizar os registros referentes à vida dos habitantes do Brasil era da Igreja. Não existiam os registros civis aos quais estamos habituados – certidões de nascimento, casamento, óbito; eles surgiram com o advento da República. Os registros realizados por ocasião de batismo, casamento e sepultamento nos livros da Igreja eram os únicos existentes e tinham valor reconhecido pelo Estado.

Proporcionar aos alunos o contato com o texto desse tipo de documentação leva para dentro de sala as pessoas de "carne e osso" que viveram no passado. Em uma abordagem tradicional, esse documento seria encarado como apenas um mecanismo de registro populacional. Mas podemos ir além. Mais uma vez, para que fique compreensível nosso exemplo, trazemos o texto de um desses documentos.

> *No primeiro dia do mês de abril de mil oitocentos e sessenta e seis, nesta Freguesia de Nossa Senhora da Victoria, baptizei e pus os Santos Óleos a Antônio, preto, nascido em oito de abril de mil oitocentos e sessenta e quatro, filho de Ângela, escravos de Vicente Borges de Vasconcellos Duart forão padrinhos o mesmo Vicente Borges de Vasconcellos Duarte Dona Rosa Emilia de Sousa. (Livro..., 1866)*

A partir da leitura desse documento, é possível, a exemplo da abordagem dada ao documento anterior, propor as seguintes questões:
~ Que documento é esse?
~ De quando é?
~ Descreva quem é a pessoa que está sendo registrada no documento.

Na sequência, um ponto importante a ser destacado é quanto ao apadrinhamento. Antônio, embora escravo, é afilhado de seu dono. Por quê? Nesse momento, é importante destacar que essa não é uma situação comum, como atesta Antônia Andrade (2006). Ser padrinho, em uma sociedade marcada por uma forte religiosidade, era assumir um compromisso com Deus. Além disso, para um escravo, ter seu filho batizado por seu proprietário significava a possibilidade de ascensão social, pois passaria a ser compadre de seu senhor. Por fim, aos africanos que chegavam ao país, oriundos de uma outra cultura, a sujeição ao batismo significava também seu ingresso definitivo na sociedade receptora.

Além dessas questões de natureza **sincrônica**, podemos realizar uma abordagem **diacrônica**, comparando esse tipo de registro àqueles que são realizados hoje em dia. Por exemplo, ao se comparar o registro de batismo a uma certidão de nascimento, podemos verificar que tipo de dados cada um dos documentos informa, que tipo de família cada um representa. Isso sem falar no fato de que tal mudança revela que, com o passar do tempo, a religiosidade perdeu sua centralidade na sociedade brasileira como um todo (ou, na melhor das hipóteses, o Estado divorciou-se da Igreja).

3.3 A fotografia

A fotografia é, na História da humanidade, uma invenção recente. Via de regra, a intenção de quem fotografa é atingir a beleza. Não foi à toa que o nome com o qual Fox Talbot patenteou o invento em 1841 foi *calótipo*: o prefixo *kalos*, do grego, significa "belo".

Mas a fotografia não é a realidade. É uma realidade capturada pelas lentes da câmera em um determinado instante. Ao analisar a relação do homem com a fotografia, Susan Sontag (2004, p. 13) remete-nos à alegoria da caverna, de Platão:

> *A humanidade permanece, de forma impertinente, na caverna de Platão, ainda se regozijando, segundo seu costume ancestral, com meras imagens da verdade. Mas ser educado por fotos não é o mesmo que ser educado por imagens mais antigas, mais artesanais. Em primeiro lugar, existem à nossa volta muito mais imagens que solicitam nossa atenção. O inventário teve início em 1839, e, desde então, praticamente tudo foi*

fotografado, ou pelo menos assim parece. Essa insaciabilidade do olho que fotografa altera as condições do confinamento na caverna: o nosso mundo. Ao nos ensinar um novo código visual, as fotos modificam e ampliam nossas ideias sobre o que temos o direito de observar. Constituem uma gramática e, mais importante ainda, uma ética do ver. Por fim, o resultado mais extraordinário da atividade fotográfica é nos dar a sensação de que podemos reter o mundo inteiro em nossa cabeça – como uma antologia de imagens.

Dessa forma, por se constituir em uma gramática, com regras próprias para sua interpretação, a fotografia deve ser usada em sala de aula seguindo um método que permita a sua compreensão, já que, por si mesma, a foto não pode fazer isso, pois

> *A fotografia dá a entender que conhecemos o mundo se o aceitamos tal como a câmera o registra. Mas isso é o contrário de compreender, que parte de não aceitar o mundo tal como ele aparenta ser. Toda possibilidade de compreensão está enraizada na capacidade de dizer não. Estritamente falando, nunca se compreende nada a partir de uma foto. É claro, as fotos preenchem lacunas em nossas imagens mentais do presente e do passado [...]. Contudo, a representação da realidade pela câmera deve sempre ocultar mais que revelar. [...] Em contraste com a relação amorosa, que se baseia na aparência, a compreensão se baseia no funcionamento.* **E o funcionamento se dá no tempo e deve ser explicado no tempo.** *Só o que narra pode levar-nos a compreender.* (Sontag, 2004, p. 33-34, grifo nosso)

Mesmo reconhecendo os riscos do trabalho com as fotos, acreditamos ser imprescindível sua utilização como fonte para as aulas de História. Se pretendemos fazer jus à prerrogativa de trabalhadores do conhecimento, devemos refletir com nossos alunos a respeito da **forma** como a sociedade preserva a sua memória. A fotografia é uma dessas formas de registro, mas, como já observamos, trata-se de uma forma lacunar. É o nosso trabalho que fará com que compreendamos um determinado período a partir de fotografias.

Segundo Marcos Napolitano (1997, p. 59), as fotografias, ao serem utilizadas em sala de aula, devem passar pelo crivo de uma análise que permita estabelecer uma tipologia de sua mensagem, "recolocando suas condições de produção técnica, seu objeto de referência, seu veículo original, a intencionalidade que está por trás do documento, e (se possível) seu impacto socio-histórico".

Assim, ao levar para a sala de aula uma fotografia, o professor deve conduzir seus alunos a um questionamento que deve pautar-se pelo seguinte:

~ Essa foto foi produzida utilizando-se de que técnica? De qual maquinário?
~ A foto sofreu algum tipo de manipulação técnica, como montagem, pintura?
~ A composição da foto é espontânea (no caso de fotojornalismo) ou foi arranjada (como no caso da fotografia publicitária)?
~ No caso de retratos: quem é(são) o(s) retratado(s)? Que informações a foto traz que nos permitem identificar quem é essa pessoa?
~ Onde a foto foi tirada?
~ O contexto da foto está inserido no domínio público ou privado?
~ Onde essa foto foi veiculada pela primeira vez?
~ Por que essa foto foi feita?
~ É possível saber qual impacto essa foto causou ao ser trazida a público?*

---

* Todas as questões foram construídas a partir das considerações de NAPOLITANO, Marcos. Fotografia como documento histórico. In: SCHMIDT, Maria Auxiliadora (Org.). **Caderno de História 2**: o uso escolar do documento histórico. Curitiba:

À guisa de conclusão, o que desejamos aqui é contribuir com a organização do trabalho pedagógico apresentando um método de trabalho que leve à superação da abordagem da fotografia como registro fidedigno da realidade e mera ilustração do conteúdo. Superar essa visão significa conduzir em sala de aula uma reflexão que possibilite a construção da narrativa histórica a partir do documento.

3.4 As artes plásticas

A arte, de maneira geral, faz parte do que nos caracteriza como seres humanos. Como somos seres de cultura, a necessidade de expressão artística nos é inerente. Para Ernst Gombrich (1999), conhecido historiador da arte, é praticamente impossível definir o que seja arte. Aliás, ele nega a possibilidade de estabelecimento dessa definição. No seu modo de ver, há apenas artistas. O que ele pretende dizer com isso? Acima de tudo, pretende desmistificar o estatuto da arte como algo inatingível, colocando-a em seu devido lugar: como algo próprio da humanidade, possível de ser exercida por qualquer pessoa.

Esse esclarecimento é importante para a abordagem das artes plásticas em sala de aula, porque permite percebê-las como produção eminentemente humana e, para o caso das aulas de História, como produção em um período e contexto específicos. Nesse sentido, ao trabalharmos com essa forma de expressão humana em sala de aula, enfocaremos em que medida a obra e o artista se relacionam com seu tempo, com seus valores.

Há quem considere a adoção desse tipo de fonte problemática, por conduzir a um reforço da dicotomia entre cultura erudita e cultura popular, o que levaria à compreensão da escola como espaço de difusão

---

UFPR, 1997. p. 59-60.

da ideologia dominante. Entretanto, preferimos fazer coro com Alice Lopes (1999, p. 103), ao afirmar que

> *não devemos associar a cultura dominante à cultura erudita, assim como não devemos compreender as culturas dominadas como espaço apenas de resistência, intrinsecamente libertador. Mais enriquecedoramente, podemos compreender que a cultura dominante corresponde à cultura hegemônica da sociedade, ou seja, a cultura de interesse das classes dominantes, sendo as culturas dominadas, eminentemente, um terreno de ambiguidades, misto de resistência e reprodução.*

Segundo essa lógica, o trabalho pedagógico deve ser organizado tendo em vista a inserção da obra e do artista dentro do seu tempo, pois apenas dessa forma a arte pode constituir-se como fonte para a História. Nesse sentido, vale a pena refletir especialmente sobre quadros que pretendem construir uma iconografia da História.

3.4.1 O caso do Renascimento italiano

Um exemplo emblemático dessa questão pode ser explorado com os alunos quando trabalhamos o Renascimento. Normalmente, a temática é apresentada como corrente artística e cultural, e são apresentados os expoentes do período. É estabelecida também a relação entre o mercantilismo, as rotas comerciais e o fenômeno do mecenato como conjuntura que permitiu o resgate e a reelaboração da estética e dos valores da Antiguidade. Mas isso não dá uma dimensão muito precisa do que isso significou de revolucionário na relação entre o artista e seu público e entre o artista e sua obra, e, para além disso, de qual o impacto das obras desse período sobre a imagem que o Ocidente tem da arte e da representação do sagrado.

Para tanto, é necessário compreender as transformações pelas quais passou o ofício de artista nesse período. Não é à toa que falamos em ofício. O *status* que um pintor ou escultor tinha era praticamente o mesmo desde a Antiguidade: seu trabalho era visto como algo menor, desprestigiado, pois envolvia o trabalho manual. Esse tipo de trabalho era vítima de menosprezo, e seus produtores eram classificados como prestadores de serviço que produziam sob encomenda. Em algumas das cidades que hoje constituem a Itália havia inúmeras oficinas, cada qual com seu mestre e seus aprendizes, constituídas como corporações de ofício.

É nesse ambiente que famosos artistas da Renascença – como Leonardo, Michelangelo e Rafael – iniciaram sua formação. Seus mestres recebiam encomendas de pessoas de prestígio, que haviam enriquecido graças ao comércio; elas é que determinavam o conteúdo e a forma das obras. Um exemplo desse período pode ser comprovado pela observação do afresco *Nascimento da Virgem*, produzido em 1491 pelo mestre de Michelangelo, Domenico Ghirlandaio.

Nascimento da Virgem. Ghirlandaio, 1491.

Ao levar essa obra para a sala de aula, sugerimos que, inicialmente, os alunos tenham a oportunidade de contemplá-la e de emitir suas opiniões.

O que seu autor queria representar?

A temática é sagrada – trata-se do nascimento da Virgem Maria –, mas a abordagem não é realizada com a intenção de ser fidedigna ao contexto da narrativa bíblica. O que é visível é a preocupação em ser fiel à realidade de fins do século XV: Santa Ana recebe suas parentas em uma casa elegante da época; as mulheres poderiam bem ser quaisquer das damas bem vestidas da sociedade de Florença e visitar outra dama quando do nascimento de sua filha. Isso decorre do fato de a obra ser decorrente de uma encomenda: para adornar a Igreja de Santa Maria Novella, em Florença, o doador da obra tinha a intenção de ver eternizada a sua época, e Ghirlandaio, como hábil artífice, buscou corresponder ao padrão de beleza. Isso pode ser verificado, no fundo da cena, pelo cuidado em inserir, à maneira clássica, crianças em alto--relevo. Buscava-se, dessa forma, atender ao "gosto do freguês". Para os alunos, deve ficar claro que existe essa vinculação entre conteúdo e forma e, principalmente, que, embora seja a representação de um fato supostamente ocorrido há muito tempo, a obra tem muito mais a nos informar sobre a época de Ghirlandaio do que sobre a época do nascimento de Maria.

Foi na oficina de Ghirlandaio que Michelangelo aprendeu as técnicas de desenho e pintura. No entanto, "suas ideias sobre arte eram diferentes. [...] Não se contentou em aprender as leis da anatomia em segunda mão, por assim dizer, através da escultura antiga. Realizou suas próprias pesquisas de anatomia humana, dissecou cadáveres e desenhou com modelos, até que a figura humana deixou de ter para ele qualquer segredo" (Gombrich, 1999, p. 304-305). Reconhecido ainda em vida, subverteu a forma de produzir arte. Exigia liberdade de criação, não se submetendo às recomendações de seus clientes.

Assim, embora imerso no mesmo contexto de seu antigo mestre, Michelangelo levou ao limite o pressuposto da realidade como referência para a arte. Célebre escultor – cujas estátuas pareciam ter vida própria, tamanha perfeição e realismo –, teve na pintura um de seus trabalhos de maior expressão. Uma das capelas do Vaticano, construída a mando do papa Sisto IV, por essa razão conhecida como *Capela Sistina*, cujas paredes já haviam recebido a contribuição de diversos artistas, encontrava-se com seu teto em branco. O então papa Júlio II confiou o trabalho a Michelangelo.

A empreitada solitária consumiu quatro anos (1508-1512). O teto reproduz o relato bíblico da criação à narrativa da história de Noé e talvez se constitua na mais expressiva referência que temos de arte sacra no Ocidente. Nossa sugestão, no trabalho com os alunos, é que seja dada ênfase ao fragmento mais conhecido do afresco, aquele que diz respeito à criação do homem. Veja a imagem a seguir:

A criação de Adão. Michelangelo, 1512.

Partindo do pressuposto de que essa é a imagem mais cristalizada que o Ocidente tem de Deus, sugerimos que ela seja explorada pelos alunos em sala, sem nenhuma informação prévia. É bastante possível que eles concluam que se trata da criação do homem. É nesse momento que o professor deve ter cuidado na abordagem: a aparente vulgarização dessa imagem não invalida o que ela possui de extraordinário em termos artísticos.

Então, deve ser feita uma exploração da imagem, de forma a conduzir os alunos a responderem questões como: a época em que o afresco foi produzido; onde se localiza a obra hoje; qual técnica foi utilizada; o que, naquela época, significava para um artista ter uma obra no Vaticano. Isso conduzirá os alunos à busca de informações – motivação para a pesquisa. Nesse processo, descobrirão, entre outras coisas, que essa obra de Michelangelo em particular causou furor entre os mais conservadores, pela quantidade de nus. Descobrirão também que muitas das vestes (entre elas aquela que cobre a figura divina) foram inseridas no afresco por outros pintores após a morte do autor.

Essa atividade permitirá ao professor discutir com seus alunos sobre as principais características do Renascimento – entre elas o antropocentrismo, o ideal humanista, a racionalidade, o resgate da estética greco-romana – e levá-los a entender que tais princípios diziam respeito a uma vanguarda. Quanto ao homem comum e aos mais conservadores, a mentalidade ainda jazia na Idade Média.

3.4.2 As imagens canônicas

A imagem anteriormente utilizada não se constitui em exceção quando pensamos em iconografia de referência a um fato ou pessoa. A História do Brasil também está marcada por imagens que dizemos serem **canônicas**, ou seja, imagens que, para além de representarem um fato ou pessoa, pretendem **ser** o fato ou pessoa.

Os livros didáticos estão cheios dessas imagens, e não vemos nisso um grande problema. A questão é outra: a forma como esses manuais (não) abordam as imagens, que são, via de regra, utilizadas como meras ilustrações do texto, quando poderiam converter-se em excelentes ferramentas de trabalho em sala de aula. Para tanto, é necessária a reflexão sobre algumas questões.

Quando falamos em fatos como a primeira missa realizada no Brasil, a Proclamação da Independência e a execução de Tiradentes, vêm à nossa memória imagens de pinturas que se tornaram cânones da História nacional. Mas nada que não resista a alguns questionamentos.

A *primeira missa no Brasil*. Meirelles, 1861.

Este quadro, A *primeira missa no Brasil*, foi pintado em 1861 por Victor Meirelles. Ou seja, decorridos 361 anos do descobrimento, um artista pretende, diante da inexistência de uma imagem pictográfica, realizar o registro para a posteridade. A fonte do relato é, supostamente, a carta de Pero Vaz de Caminha. Teria acontecido dessa forma?

Independência ou morte. Américo, 1888.

Em 1888, Pedro Américo retratou, na tela intitulada *Independência ou morte*, o momento da Proclamação da Independência, 66 anos após o fato. Aquele momento teria ocorrido mesmo assim? Segundo o historiador José Murilo de Carvalho (2006), o autor da tela

> *Leu, pesquisou, entrevistou testemunhas oculares, visitou o local. No entanto, por razões estéticas, teria sido obrigado a fazer mudanças nas personagens e no cenário a fim de produzir os esplendores de imortalidade. De início, dom Pedro não podia montar a besta gateada de que falam as testemunhas. O pedestre animal, apesar de ter arcado com o peso imperial, teve o desgosto de se ver substituído no quadro pela nobreza de um cavalo. Com maior razão, [...] o augusto moço não podia ser representado com os traços fisionômicos de quem sofria as incômodas cólicas de uma diarreia. Como se sabe, a diarreia fora o motivo da parada da comitiva às margens do Ipiranga (um irreverente poderia acusar dom Pedro de ter iniciado a poluição do desditoso riacho).*
> *Ocasião de gala. O uniforme da guarda de honra também foi alterado. A ocasião merecia traje de gala, em vez do uniforme "pequeno". Finalmente, o Ipiranga teve que ser desviado de seu curso para facilitar a composição do quadro.*

O nosso terceiro exemplo é a construção de uma imagem com o objetivo de dar legitimidade à República recém-nascida. Em 1893, o mesmo Pedro Américo pintou *Tiradentes esquartejado*, em um período em que a população brasileira ainda se perguntava sobre o que seria a república. A imagem do herói – categoria alcançada apenas nesse momento, já que até então era visto como traidor – em nada tem a ver com a de um militar, um alferes, e evoca sobretudo o martírio de Cristo.

Ela é exemplar no uso que o presente pode fazer do passado. O passado é apresentado como um espelho: é nos ideais dos inconfidentes que os republicanos deviam se inspirar, pois defendiam os princípios dos revolucionários franceses de 1789 e nessas ideias se inspiravam. Em suma, não são os atos retratados **em si** que importam e, sim, os valores que ensejam; são os atos que as imagens legitimam no presente a razão de ser da pintura. Mais uma vez, trata-se de uma obra que testemunha o período em que foi produzida, e não o período que pretende retratar.

Tiradentes esquartejado. Américo, 1893.

É evidente que essa primeira abordagem que aqui realizamos de forma alguma esgota a variedade pictográfica que pode ser trabalhada em sala, tampouco pretende ser a única. Primeiramente, desejamos inspirar novas práticas docentes, tornando a História, a um só tempo, mais próxima do aluno e passagem para outras vivências.

Acrescentamos que o que nos parece fundamental reconhecer é a imprescindibilidade do domínio do conteúdo por parte do professor, porque muito da reflexão a respeito do **como** fazer decorre do domínio referente a **o que** ensinar.

3.5 Outras fontes para outras Histórias

A chamada **História contemporânea** é marcada, entre outros aspectos, pela capacidade de produzir os mais variados registros a respeito da vida humana. Ao lado de fontes já consagradas – como as artes, a literatura, os documentos escritos –, vivemos um tempo em que a multiplicidade dos indícios de nossa passagem é, ao mesmo tempo, a virtude e o problema.

De fato, nunca foi tão fácil e tão difícil fazer a História. Fácil devido ao reconhecimento da importância que os mecanismos de registro da memória obtiveram e continuam a obter. Nunca tivemos tantos arquivos e tanta preocupação com o patrimônio histórico, apesar de todas as limitações. Difícil porque a tarefa de organizar as informações com a intenção de dar-lhes alguma inteligibilidade torna-se cada vez mais complexa.

Afirmamos isso diante da grande variedade de formas que as fontes históricas podem assumir, à medida que o tempo se aproxima do nosso presente. E, assim como aos historiadores profissionais, ao professor de História cabe também o desafio de revelar aos seus alunos o surpreendente naquilo que aparenta ser banal.

O cinema é, nesse sentido, uma ferramenta potencialmente importante. Potencialmente porque o que se tem visto é a substituição do cânone pictográfico pelo cânone cinematográfico. Expliquemos melhor: os filmes têm sido exibidos em sala de aula como exemplo de como aconteceram os fatos. Não há uma análise acerca da produção, quais as razões para a realização de um determinado filme, sua (im)precisão histórica. Muitas vezes, horas preciosas de aula são investidas em filmes que são subaproveitados.

Primeira questão: pelo menos para aqueles professores que lecionam em turmas de terceiro e quarto ciclos do ensino fundamental e no ensino médio, não é possível trabalhar o filme como um todo. O trabalho pedagógico deve ser organizado a partir de fragmentos que viabilizem a abordagem de um tema específico. Para assistir ao filme todo, a turma pode se organizar em horário diferente do da aula, com ou sem a presença do professor.

No preparo da atividade com filme, devemos levar em conta o contexto de produção. Por exemplo, em *Boa noite, boa sorte*, de George Clooney, podemos trabalhar tanto o macarthismo quanto a questão da liberdade de expressão, que é um debate atual nos EUA. Se nos anos 1950 o inimigo era o comunismo, na atualidade o inimigo é o terrorismo. O filme pretende levantar a voz contra a arbitrariedade.

3.5.1 Publicidade

Linguagem contemporânea, a publicidade também deve ser abordada sob a ótica da História. Em um tempo em que é possível produzir muito mais do que se necessita, o discurso publicitário tem como tarefa primordial despertar novas necessidades, para justificar a aquisição dos mais variados bens.

> A *publicidade deve ser vista não somente como uma atividade informativa, mas também sedutora, pretendendo atrair os consumidores*

emocionalmente. Os valores mais promovidos pela publicidade estão relacionados à felicidade, sucesso (social e/ou sexual), conforto, luxo, elegância, segurança, juventude, beleza, aparência, culto ao corpo, fama e à marca, que se tornou um fetiche próprio do século XX. Considera-se mais a marca do que a qualidade do produto, ela é um sinônimo de prestígio. Ter é mais importante do que ser. (Schmidt; Pedroso, 1997, p. 25-38)

A abordagem na sala de aula deve partir das impressões que os alunos têm a respeito do que veem. Via de regra, o parâmetro de observação é a publicidade recente. É preciso, a seguir, averiguar qual é o produto anunciado, sua função, o público-alvo do anúncio e como esse público é tratado. Dessa forma, podemos verificar os valores de um período, as visões prevalentes acerca de um determinado tema.

3.5.2 Memória

Um outro recurso importante e que não deve ser desprezado é a memória, obtida por meio de entrevistas com pessoas mais velhas. Isso, por um lado, resgata um papel que o ancião sempre teve em sociedades antigas: o de transmissor da tradição de uma determinada localidade. Por outro, coloca o aluno cara a cara com uma preocupação que deve ser de toda a sociedade, que é a questão do envelhecimento, do lugar que os idosos ocupam nos espaços públicos e privados. E isso não por uma questão de atendimento ao que preconiza o Estatuto do Idoso, mas em razão do entendimento de que a vigência da lei vem tentar responder a uma demanda concreta da sociedade, um problema contemporâneo, e que a História não pode eximir-se de sua responsabilidade.

A memória deve passar pelo crivo de uma análise criteriosa para que seja convertida em História, e é esse o trabalho que deve ser empreendido em sala. Deixar claro aos alunos que o relato dá conta do que o entrevistado lembra e não do acontecimento como foi, é o primeiro passo. A partir disso, podem ser organizadas, por exemplo, atividades de síntese de ideias, comparação entre a descrição de um espaço próximo conforme a lembrança de uma pessoa em um período e o modo como ele é hoje, estabelecer relação entre um tema amplo e a forma como ele se deu em nível local.

Não esgotamos aqui a exploração do tema. Nossa proposta é, antes de tudo, contribuir para a reflexão com alguns elementos que permitam repensar a prática pedagógica. Observamos que, evidentemente, esta é influenciada por aspectos subjetivos, tais como os valores e as preferências do professor. Embora não abordadas aqui, são alternativas interessantes também a apresentação de fragmentos da vida material (móveis, vestuário, utensílios) – cujo acesso pode ser obtido em visitas a museus – e a discussão em torno de charges, caricaturas e histórias em quadrinhos. Potencialmente, tudo o que registra a passagem humana pelo mundo pode servir de fonte para a História e para o ensino de História.

Para encerrar este capítulo, um último alerta: as atividades aqui sugeridas, bem como outras que possam vir a ser criadas para encaminhar a análise de fontes históricas, não devem vir em substituição a práticas já correntes na escola. Isso significa dizer que, na medida da necessidade, da complexidade do conteúdo e do nível da turma, os alunos continuarão a realizar, em maior ou menor grau, a leitura dos manuais didáticos, e os professores continuarão a trabalhar o conteúdo em aulas expositivas. As atividades comentadas visam, acima de tudo, permitir ao aluno a vivência de como o conhecimento histórico é produzido e, ao perceber a dimensão da História como resultado do trabalho do historiador que observa, a partir dos documentos, como as pessoas viveram, a possibilidade de se compreender como sujeito dela.

Síntese

Neste capítulo, apresentamos sugestões de encaminhamento para o trabalho com fontes históricas em sala de aula. Em relação a cada linguagem, discutimos também os pressupostos interpretativos e alguns exemplos de como preparar aulas a partir do documento. Assim, fizemos uma reflexão acerca da produção de documentos escritos, da fotografia, das artes plásticas, do cinema, da publicidade e das formas possíveis e adequadas para sua abordagem com os alunos.

Indicações culturais

Sites:

Páginas da internet em que documentos históricos podem ser acessados:

Museu do Vaticano. Disponível em: <http://mv.vatican.va/2_IT/pages/CSN/CSN_Main.html>.
> *É possível realizar uma visita aos ambientes do museu. O mais interessante é a Capela Sistina.*

Museu do Louvre. Disponível em: <http://www.louvre.fr>.
> *As principais referências iconográficas da arte estão disponíveis para visitação.*

Portal de História contemporânea. Disponível em: <http://www.portaldehistoria.web.pt/historia_contemporanea.htm>.
> *Site português especializado em História da Primeira e da Segunda Guerra Mundial.*

Filmes

O ano em que meus pais saíram de férias. Direção: Cao Hamburguer. Brasil, 2006.

A ditadura militar no Brasil é revisitada e apresentada nessa história a partir do olhar de um menino cujos pais estavam sendo perseguidos pelo regime.

O TRIUNFO da vontade. Direção: Leni Riefenstahl. Alemanha, 1936.
Documentário sobre os Jogos Olímpicos de Berlim em 1936, em que se desejava comprovar a supremacia da raça ariana; porém, os grandes campeões no atletismo foram os norte-americanos, majoritariamente de origem africana.

PLATOON. Direção: Oliver Stone. EUA, 1986.
Realiza uma abordagem bastante crítica da Guerra do Vietnã.

Quadrinhos

NAKASAWA, Kenji. **Gen, pés descalços.** São Paulo: Conrad Editora. [s.d.]. 4v.
Narra a história de um menino que assistiu aos horrores dos bombardeios nucleares no Japão no final da Segunda Guerra Mundial e como a população civil reagiu a essa violência.

SPIELGELMAN, Art. **Maus.** São Paulo: Companhia das Letras, 2005.
Conta a história de judeus que sobreviveram aos campos de concentração na Segunda Guerra Mundial. Usando como artifício a zoomorfia, retrata, por exemplo, os judeus como ratos (daí o título).

MOORE, Alan; LLOYD, David. **V de vingança.** São Paulo: Editora Globo, 1989.
Querendo se referir ao contexto do período em que Margareth Thatcher foi primeira-ministra na Grã-Bretanha, o autor constrói uma ficção que explica bem o que significa um regime totalitário. A adaptação para o cinema é bastante fiel aos quadrinhos.

Atividades de Autoavaliação

1. Sobre a utilização de fontes contemporâneas (fotos, filmes, quadrinhos, publicidade), analise as afirmações a seguir:

   ( ) Um filme que se passa em determinado contexto histórico procura sempre realizar um retrato fiel da época.
   ( ) Uma fotografia, dada a sua natureza lacunar, precisa ser abordada de forma que, a partir dela, se reconstrua a narrativa de um período.
   ( ) A publicidade permite conhecer como a sociedade de um período específico via os grupos que eram o alvo de uma determinada campanha.

   Empregando a letra **V** para as assertivas verdadeiras e a letra **F** para as falsas, assinale a sequência que corresponde às afirmações acima:
   a) V, V, V.
   b) F, F, F.
   c) F, V, V.
   d) F, F, V.

2. Sobre as imagens canônicas, analise as afirmações a seguir:

   I. Os livros didáticos fazem uso desse tipo de imagens porque elas expressam da melhor maneira um determinado fato histórico.
   II. São reconstruções idealizadas de um passado, a serviço da legitimação de atos presentes.
   III. Não podem ser usadas com finalidades didáticas, dada a sua natureza ideológica.

   São corretas as assertivas:
   a) I, II e III.
   b) I e III.
   c) II.
   d) III.

3. Sobre a utilização do cinema nas aulas de História, analise as assertivas a seguir:

I. O cinema deve ser usado para exemplificar como determinado fato aconteceu.

II. Devemos levar em consideração o contexto no qual o filme foi produzido.

III. Somente devem ser utilizados os filmes de época.

As afirmações que se constituem como problemáticas na abordagem do cinema nas aulas de História são:
a) I e II.
b) II e III.
c) I e III.
d) I, II e III.

4. Em uma perspectiva metódica da História, é(são) considerado(s) documento(s) histórico(s):
a) todo documento emitido pela Igreja ou pelo Estado.
b) todo registro da passagem do ser humano pela Terra.
c) somente os documentos escritos.
d) apenas os documentos da contemporaneidade.

5. Não se constitui em necessidade para o professor de História:
a) o domínio da cultura historicamente acumulada pela humanidade.
b) o domínio das premissas que organizam a cultura do educando.
c) o domínio da relação de conteúdos programáticos de seleção ao vestibular.
d) o domínio dos princípios hermenêuticos que permitem a interpretação de uma linguagem.

Atividades de Aprendizagem

Questões para Reflexão

1. Escreva um texto em que você expõe as razões pelas quais se deve fazer uso dos documentos históricos nas aulas de História.

2. Quais são os cuidados que o professor deve ter ao abordar os documentos em sala de aula?

Atividade Aplicada: Prática

Elabore um roteiro de entrevista para ser feita com uma pessoa idosa sobre o tema *urbanização*. Tome o cuidado de prever a coleta de dados que identifiquem o entrevistado e redija as questões em linguagem acessível ao aluno.

Capítulo 4

Neste capítulo, discutiremos os objetivos da avaliação formativa aplicados à disciplina de História, bem como os referenciais que devem balizar a avaliação no que tange à mudança de atitudes e à apreensão de conceitos e conteúdos históricos. Por fim, comentaremos algumas precauções que devem nortear a elaboração de enunciados de questões.

Aprendizagem e avaliação

4.1 O que aprender em História

Toda atividade – aula expositiva, análise de documento, trabalho em grupos, entrevista com pessoa mais velha – deve atender a um propósito. O professor precisa, de pronto, definir o porquê de realizá-la. A razão última de toda atividade pedagógica é conduzir, efetivamente, à aprendizagem. Essa reflexão conduz a uma outra, que tem, muitas vezes, provocado angústia entre os professores: o que os alunos devem aprender? De que conhecimentos, ao final de um ciclo, de um nível, eles devem se apropriar? E o tão proclamado respeito ao tempo do aluno (ou seja, ele não conseguiu agora, mas já avançou bastante)?

> A *título de privilegiar o que o aluno aprende e não o que o professor ensina, muitos equívocos podem ser cometidos. Um deles é não exigir do aluno um patamar mínimo de conhecimento ou supervalorizar uma opinião aleatória e pouco articulada, em nome do respeito a uma pretensa subjetividade ou liberdade opinativa em sala de aula. O resultado pode ser uma segunda exclusão social, sobretudo dos alunos mais carentes, mais ainda do que na velha escola tradicionalista.*
> (Napolitano, 2005, p. 180)

Mas o que poderíamos definir como patamar mínimo de aprendizagem em História? Qual o conteúdo básico de nossa disciplina? O estudo da História exige erudição do professor para que possa ser reconhecido como uma necessidade para o aluno. Se não soubermos definir o que aconteceu, quando aconteceu, por que aconteceu e quem fez parte do acontecimento, qualquer outro trabalho será vão. É o domínio dessas informações que permitirá a compreensão da História como processo, que é o mínimo que todos devem saber. Isso não significa, de forma alguma, que devemos nos contentar com esse mínimo, que era o que a perspectiva tradicional de ensino de História valorizava. Esse conhecimento deve ser uma ferramenta para o entendimento das evidências que o passado nos legou. São essas informações que permitirão aos alunos a passagem do estado de mera contemplação de um quadro, por exemplo, para um patamar de análise do conteúdo que ele retrata, a relação entre seu autor e seu tempo.

Ou seja, quando nos perguntamos o que o aluno deve aprender em História, significa pensar como a História – compreendida na dimensão da vivência cotidiana e na dimensão de um campo específico do conhecimento – deve deixar de ser meramente percebida para ser compreendida. Significa também a possibilidade de o aluno se reconhecer como sujeito determinado pela História ao mesmo tempo em que a determina, por meio de seus atos e valores. Por isso, a figura do professor ainda é tão importante. O seu trabalho, quando bem planejado e bem executado, consegue converter a potencialidade da compreensão da História pelo aluno em possibilidade. O conformismo ante o que o aluno conseguiu produzir em um determinado momento, em uma abordagem espontaneísta, significa negar-lhe o acesso ao conhecimento historicamente acumulado pela humanidade. Mas, se temos alguma clareza do que o aluno deve aprender, a avaliação constitui-se em um nó que precisa ser desatado.

4.2 O que avaliar em História

A avaliação escolar é certamente uma das questões mais discutidas e, ao mesmo tempo, mais mal-resolvidas nos debates contemporâneos sobre educação. O primeiro problema é que os professores mesmos não se enxergam como avaliadores. Sua identidade profissional encontra-se fortemente vinculada ao planejamento e ao ensino, e pouco tempo é investido em avaliação – se a avaliação dos alunos é relegada ao tempo que sobra, a avaliação do trabalho docente dificilmente passa por qualquer reflexão.

Nos debates sobre a avaliação do aluno há um relativo consenso de que formas de avaliação tradicionais, que privilegiam a capacidade de memorização em detrimento de outras habilidades, estão completamente ultrapassadas. Devemos buscar uma avaliação continuada, que não se limita somente ao momento da prova ou da realização de tarefas, devendo permear todo o processo de ensino-aprendizagem.

Mas falar é fácil. Difícil é aplicar esse discurso na prática. O que ocorre, em geral, é uma multiplicação dos momentos de avaliação, e não uma avaliação continuada. O modelo continua tradicional, mas a professora ou professor é sobrecarregado de trabalho. E não é só isso: os professores continuam tendo de lidar com uma burocracia escolar que exige que os alunos recebam notas (dado quantitativo) de acordo com sua aprendizagem (resultado qualitativo).

Não temos a pretensão de pôr fim a esses debates, tampouco apresentar uma solução definitiva. Buscamos propor uma metodologia de trabalho que dê conta de reduzir o hiato entre a teoria e a prática escolar.

No caso específico da História, devemos superar a abordagem tradicional, que se fixa na memorização de informações isoladas, e tentar levar os alunos a compreenderem o processo histórico em uma perspectiva mais ampla, sem abrir mão do domínio dos fundamentos da disciplina. Como os conteúdos podem e devem ser apresentados a partir de temas pertinentes ao cotidiano do aluno, é natural que em um primeiro momento ele cometa **anacronismos** (pensar um contexto histórico nos termos de outro, geralmente tomar o passado a partir dos valores do presente). Afinal, devemos julgar a realidade histórica a partir de um ponto de vista, que, em um primeiro momento, é sempre parcial e subjetivo. Mas o trabalho com o ensino de História deve promover uma formalização progressiva do saber histórico, de modo que o que se avalia, ao final, é exatamente a capacidade de situar um fato ou processo em seu adequado contexto histórico.

Precisamente para trazer mais ao chão da escola os critérios que devem balizar a avaliação, Pluckrose, citado por Schmidt e Cainelli (2004, p. 149-150), aponta os elementos históricos que devem ser trabalhados em sala e que, portanto, devem constituir-se em objeto de avaliação, bem como os possíveis indicadores de que os alunos os compreenderam. A compreensão da **cronologia** pode ser percebida quando o aluno estabelece limites históricos (como décadas, séculos, antes de Cristo e depois de Cristo), organiza acontecimentos dentro de critérios cronológicos. Os alunos devem compreender que os testemunhos são fonte para a pesquisa histórica, que existe a necessidade de ser crítico em relação a eles e de distinguir **fonte primária** de **fonte secundária**. A compreensão de que as palavras assumem diferentes significados de acordo com o contexto histórico aponta para a **dimensão histórica da linguagem**. A comparação entre o passado e o presente, a partir da análise de testemunhos, configura a identificação de semelhanças e diferenças. Além disso, o aluno deve compreender que estudar História significa compreender as **continuidades** e as **mudanças**, o que torna possível a identificação com pessoas de outros tempos e lugares, a despeito de diferenças de opiniões, atitudes e cultura.

Além de pensarmos sobre **o que** deve ser avaliado, é imprescindível pensar sobre **como** deve acontecer a avaliação. A burocracia escolar tem colocado a avaliação em momentos estanques, normalmente ao final do bimestre, o que nega a possibilidade de os professores exercerem sua função de educadores, a qual é sobretudo promover atividades que garantam a aprendizagem dos alunos. Nesse sentido, quando a avaliação assume um caráter contínuo, é possível identificar as dificuldades dos alunos no decorrer do processo e torna-se possível intervir em favor de sua superação.

4.3 Instrumentos de avaliação

A forma que a avaliação assume é, via de regra, fruto de escolhas, nem todas conscientes. A concepção que possuímos de avaliação acaba por determinar a escolha da forma que esta pode assumir. O contato mais ou menos cordial com os alunos também acaba por interferir nessa questão. A maior ou menor prevalência desses fatores é influenciada pela reflexão que deve acompanhar o processo de planejamento das atividades escolares, o que envolve a avaliação.

A avaliação também tem se tornado vítima de pressões externas. Nos anos finais do ensino fundamental e do ensino médio, sua forma é determinada pelas provas de seleção e pelo vestibular, sendo que este último acaba por exercer pressão no sentido de exigir mudanças na relação de conteúdos trabalhados, invertendo a lógica do razoável. O pior de tudo é que essa lógica invertida, essa distorção, se entranha em nossas práticas escolares, conduzindo-nos a uma miopia quanto aos objetivos: somente enxergamos o horizonte imediato, a seleção, o vestibular. E cessa nossa responsabilidade.

Como já afirmamos anteriormente, a estrutura à disposição do professor pouco colabora para mudanças significativas no processo de avaliação: número excessivo de alunos em sala, grande número de turmas para serem atendidas, burocratização do trabalho. Contudo, há práticas que podem ser incorporadas e outras, já cristalizadas, que podem ser repensadas.

Além dos instrumentos tradicionais – em particular a prova, sobre a qual trataremos a seguir –, a avaliação, se compreendida como processo, deve ser pensada e praticada de forma a propiciar a identificação das dificuldades dos alunos. Não se trata de identificar os problemas com vistas à classificação. Identificá-los durante o processo possibilita repensar a prática de modo a conduzir os alunos à superação de suas dificuldades, promovendo a sua aprendizagem.

Nesse sentido, há uma série de atividades que podem ser realizadas, e a sua escolha depende do objetivo que o professor quer alcançar. Algumas atividades feitas em sala de aula podem se prestar a verificar a participação do aluno. É possível empreender a observação do seu esforço e do seu envolvimento quando da execução de trabalhos individuais ou em grupo, sendo imprescindível a apresentação destes para a turma (oral ou escrita). A capacidade de síntese e o domínio de conteúdo requerem expressão escrita ou expressão oral.

> É importante que se construam procedimentos e estratégias para avaliar se o aluno adquiriu conteúdos e construiu procedimentos e estratégias relativas ao conhecimento histórico. Ademais, torna-se necessário verificar se ele aprende a formular hipóteses historicamente corretas; processar fontes em função de uma temática e segundo as hipóteses levantadas; situar e ordenar acontecimentos em uma temporalidade histórica; levar em consideração os pontos de vista, os sentimentos e as imagens próprias de um passado; aplicar e classificar documentos históricos segundo a natureza de cada um; usar vocabulário conceitual adequado. E construir narrativas históricas baseadas em marcos explicativos (de semelhanças e diferenças, de mudança e permanência, de causas e consequências, de relações de dominação e insubordinação). (Schmidt; Cainelli, 2004, p. 151)

Isso não significa abandonar velhas práticas. Significa dar-lhes um novo sentido, um novo conteúdo, para serem somadas a novas práticas. Mas antes de adentrarmos na forma como essas atividades podem continuar a ser adotadas, um último alerta sobre a avaliação: se, por um lado, discordamos da postura determinista, que coloca como impossível qualquer mudança quanto à avaliação, porque sempre foi assim e a nossa sociedade é desse jeito mesmo, por outro entendemos que voluntarismo não faz milagre. Ou seja, é ingênuo achar que todos os problemas da escola serão resolvidos com boa vontade. Não é um professor de uma dada disciplina que, sozinho, conseguirá resolver todos os problemas. É imprescindível a articulação entre os professores, os membros da equipe administrativa da escola, os demais funcionários, os pais e os alunos. Trata-se de repensar, coletivamente, a prática da escola (Vasconcelos, 1998).

4.3.1 Cuidados a serem tomados na elaboração de enunciados de questões

Ao preparar uma atividade qualquer, o professor tem de zelar pela forma como esta será apresentada ao aluno. Assim, uma preocupação central é relativa à clareza e à objetividade do enunciado. Mais uma vez, lembramos que o objetivo de qualquer instrumento de avaliação é verificar como o aluno tem se apropriado do conhecimento, o que efetivamente está aprendendo.

Equívocos podem ser cometidos na elaboração de uma questão. Dois casos clássicos são aqueles em que encontramos "diga tudo o que você sabe sobre determinado assunto" ou "opine a respeito de determinado assunto". Ora, se um aluno responder simplesmente que não sabe nada ou que considera tal tema muito chato, ele não está respondendo erroneamente. O enunciado da questão dá margem para esse tipo de resposta.

No caso de questões dissertativas, o enunciado deve ser a expressão objetiva do que o professor deseja como resposta e preferencialmente pormenorizar o que quer que o aluno escreva. Pode ser uma atividade de descrição, de comparação, de argumentação. Mais uma vez, o docente precisa ter claro o que pretende que seu aluno domine.

No caso de questões objetivas, o enunciado deve estabelecer relação direta com cada uma das assertivas, conduzindo a uma reflexão que possibilite o estabelecimento de nexo entre as premissas nele apresentadas e as conclusões possíveis contidas em cada uma das respostas.

O que é frequente é a apresentação de uma citação qualquer no enunciado que em nada se relaciona com a resposta que se deseja do aluno, desviando sua atenção do cerne da questão. Outro problema é que as afirmações verdadeiras acabam tendo um texto maior do que as falsas, o que permite ao aluno, mesmo não dominando o conteúdo, deduzir qual é a alternativa correta (quando ele deve identificar a alternativa incorreta, ocorre o contrário).

As atividades que exigem o relacionamento de uma coluna com outra podem ser elaboradas de modo a exigir maior reflexão do aluno. Uma forma possível para se conseguir isso é apresentar, na primeira coluna, dois elementos – dois períodos, dois conceitos – e, na segunda coluna, elencar várias características de ambos, de forma que haja mais afirmações relativas a um do que a outro. Isso minimiza o "chute", pois não há uma sequência a ser fechada em relação biunívoca com a primeira coluna. Contudo, isso precisa ficar explícito já no enunciado.

De qualquer modo, é preciso deixar claro que, na medida do possível, as avaliações dos alunos não podem ser resumidas a momentos formais, em que se cobra a fatura pelo conhecimento transmitido. A despeito de todos os problemas enfrentados no ambiente escolar, o docente deve se permitir observar melhor cada um de seus alunos de maneira a tomar como parâmetros as atitudes deles, a evolução na forma como se expressam (expressão oral ou escrita), como se apropriam dos conceitos e como os utilizam para explicar a realidade. Evidentemente, essa atitude exige maior envolvimento do professor com seus alunos, maior tempo de dedicação no preparo das atividades e a percepção de que o papel dessse profissional é, acima de tudo, fazer da sala de aula um lugar de formação humana, que possibilite ao indivíduo o desenvolvimento de suas potencialidades.

Síntese

Neste capítulo, abordamos um dos temas mais debatidos e que tem gerado maior controvérsia entre os educadores: a avaliação. A reflexão pautou-se primeiramente nas questões concernentes à aprendizagem, identificando-se o que significa aprender História no contexto de atividades significativas para o aluno. Também apresentamos uma série de parâmetros que servem de indicativo para a avaliação, sempre tendo como premissa o caráter formativo que esta deve assumir, constituindo-se, assim, como processo. Isso não significa o abandono de antigas práticas; significa, antes de tudo, para o professor, permitir-se refletir sobre seu conteúdo e forma. É por essa razão que dedicamos parte do capítulo ao uso desses instrumentos que consideramos adequado.

Indicações culturais

Filmes

MR. HOLLAND, adorável professor. Direção: Stephen Herek. EUA, 1995.
Narra as agruras de um professor em início de carreira e como ele se descobre como ser humano no exercício do magistério.

PINK FLOYD, the Wall. Direção: Alan Parker. Inglaterra, 1982.
Musical que faz uma contundente crítica ao sistema educacional e sua tendência de padronizar respostas e comportamentos.

SOCIEDADE dos poetas mortos. Direção: Peter Weir. EUA, 1989.
Mostra como a paixão pode ser motivadora das atividades educativas.

Atividades de Autoavaliação

1. Acerca do uso de instrumentos de avaliação, analise as assertivas a seguir:

I. As situações formais, como as de realização de prova, não podem ser utilizadas se pretendemos dar à avaliação um caráter formativo.

II. Reconhecendo que a prova não é um instrumento suficiente para a avaliação do aluno, novas práticas devem ser incorporadas ao trabalho escolar.

III. A rigor, a realização de provas não é compatível com uma avaliação formativa, mas, dada a realidade concreta na qual o professor trabalha, este deve fazer uso dela, conferindo-lhe um novo significado.

Estão corretas as afirmações:
a) I e II.
b) I e III.
c) I.
d) II e III.

2. Na relação abaixo, assinale com a letra **V** os critérios que definem a avaliação da apropriação dos conteúdos de História e com a letra **F** aqueles que não se constituem como tal:

( ) Cronologia.
( ) Mudanças e permanências.
( ) Expressão escrita.
( ) Semelhanças e diferenças.

A sequência que corresponde à resposta correta é:
a) V, V, V, V.
b) F, F, V, V.
c) F, F, F, F.
d) V, V, F, V.

3. Sobre a relação entre avaliação e burocracia escolar, analise as afirmações a seguir:

I. A burocracia acaba por determinar a forma da avaliação, na medida em que estabelece prazos rigorosos a serem cumpridos.
II. A avaliação acaba passando por uma distorção, já que um dado qualitativo (a avaliação) deve ser convertido em um indicador quantitativo (a nota).
III. A burocracia interfere na avaliação, na medida em que o professor abdica da prerrogativa de organizar o trabalho pedagógico.

São corretas as assertivas:
a) I e II.
b) II e III.
c) I e III.
d) I, II e III.

4. Constitui-se em razão para a adoção de determinadas práticas em sala de aula em detrimento de outras:
a) a sua relação com o conteúdo.
b) a familiaridade do professor com sua prática.
c) a preferência dos alunos.
d) a possibilidade de ser instrumento de aprendizagem.

5. Um dos problemas de compreensão que apenas o trabalho com a História pode superar é:
a) a falta de elementos coesivos.
b) o anacronismo.
c) a falta de noção de sucessão e simultaneidade.
d) a inexpressividade escrita.

Atividades de Aprendizagem

Questões para Reflexão

1. Destaque dois equívocos que podem ser cometidos na redação de um enunciado de questão.
2. Sintetize as razões pelas quais a avaliação deve ter caráter formativo.

Atividade Aplicada: Prática

Escolha um conteúdo de História e prepare as seguintes atividades:
1. atividade em sala, cujo objetivo é avaliar o envolvimento do aluno;
2. questão dissertativa, em que se estabeleça comparação entre mudanças e permanências;
3. questão objetiva, que vise à compreensão da cronologia do fato/período.

Considerações finais:
Para que ensinar História?

Dificilmente a disciplina de História, na memória afetiva de cada um, fez parte de nossa vida de forma indiferente. Para uns, foi amor à primeira vista. Para outros, repulsa colérica. Indiferença, raramente. Ousamos afirmar que isso se deve exclusivamente à postura que o professor assume em sala, mas não em uma perspectiva maniqueísta, que separa bons e maus professores. Não é tão simples assim.

Como estudar História exige concentração, erudição, conhecimento, não são todos os alunos que entendem isso de imediato (há também alguns professores que demoram a compreender isso). O entendimento de que a escolarização é apenas uma etapa necessária faz parte da cultura escolar, está sedimentado no cotidiano da escola, e quebrar essa barreira não é simples, até porque boa parte dos docentes reforça essa noção de que se deve estudar apenas o necessário para passar de ano, ou para tirar a nota mínima no bimestre.

Mas falávamos a respeito de como os professores de História contribuem para disseminar a visão que os alunos têm da disciplina. Muitas vezes, docentes extremamente dedicados levam tempo para cativar seus alunos. Nesses casos, é premente quebrar um círculo vicioso e romper com práticas cristalizadas. Não se trata de tarefa simples, pois requer clareza de objetivos e paciência, muita paciência. E ainda assim há aqueles que resistirão à nossa perseverança! E é nessa relação, na qual nem tudo são flores, que se constrói a imagem da História.

Além da cisão facilmente perceptível entre bons e maus professores (que leva parte dos alunos a amar ou odiar História), há essa dimensão que se refere àqueles alunos que se deixaram cativar por ela (ou não). E, nesse contexto, é o trabalho dos professores que possibilita a construção dessa relação.

E por que isso? Porque, usando a distinção estabelecida por Paulo Freire*, os alunos ou se adaptam ao mundo, ou nele se inserem. A inserção no mundo implica já ter se compreendido como parte da História e, apesar de identificar todas as determinações que constituem o presente, permitir-se perceber o futuro como possibilidade e não como determinação. Nesse sentido, a História cumpre papel preponderante. Ela pode estar a serviço tanto de uma visão emancipatória quanto de uma visão determinista. E os maiores responsáveis pelo estabelecimento de uma ou de outra relação dos jovens com a História são os professores.

Assim, o professor de História tem um compromisso ético. Não nos melindramos aqui ao fazer a apologia da ética da emancipação, que

---

* FREIRE, Paulo. **Pedagogia da autonomia**: saberes necessários à prática educativa. São Paulo: Paz e Terra, 1996.

pressupõe um professor comprometido, em primeiro lugar, com o conhecimento que quer transmitir. E foi essa a motivação para o nosso diálogo.

Assumir essa ética implica reconhecer que, além do processo histórico, há o processo de construção da História; que esse processo exige um método que pressupõe a interpretação dos testemunhos legados pelo passado; que, muito embora o objetivo na escola não seja formar historiadores, os alunos precisam aprender a ler os documentos de forma a compreender um determinado fato, um determinado contexto histórico, e não apenas pelas informações cristalizadas nos textos didáticos. Nessa perspectiva, ser professor de História significa também compreender que a avaliação precisa assumir um caráter formativo, que extrapola os limites da burocracia – uma avaliação que compreenda o educando como um ser humano em formação, determinado social e historicamente em alguns aspectos, mas também dotado de potencialidades.

Por fim, se a realidade imediata impõe limites que conduzem ao imobilismo e ao desânimo, os profissionais devem lembrar que ensinam História para que, junto com os alunos, continuem persistindo e porque, retomando Mario Quintana, apesar de as estrelas estarem distantes, isso não é razão para não querê-las.

Referências

ANDRADE, Antônia de Castro. **Escravidão e laços de compadrio**: um estudo preliminar. Disponível em: <http://www.outrostempos.uema.br/artigo2.doc>. Acesso em: 26 out. 2006.

BARTH, Fredrik. Grupos étnicos e suas fronteiras. In: POUTIGNAT, Philippe; STREIFF-FENART, Jocelyne. **Teorias da etnicidade**. São Paulo: Unesp, 1998. p. 189-227.

BITTENCOURT, Circe Maria Fernandes. O livro didático não é mais aquele. **Nossa História**, São Paulo, n. 2, v. 1, p. 52-54, dez. 2003.

CAMINHA, Pero Vaz de. **Carta**. Disponível em: <http://www.cce.ufsc.br/~nupill/literatura/carta.html>. Acesso em: 1 nov. 2006.

CARVALHO, José Murilo de. **Os esplendores da imortalidade**. Disponível em: <http://www1.folha.uol.com.br/fol/brasil500/dc_6_2.htm>. Acesso em: 16 nov. 2006.

CONCEITO. In: JAPIASSÚ, Hilton; MARCONDES, Danilo. **Dicionário básico de filosofia**. 3. ed. rev. atual. Rio de Janeiro: J. Zahar, 2001.

DOSSE, François. **A História em migalhas**: dos Annales à Nova História. São Paulo: Edusp, 2003.

FERRO, Marc. **A manipulação da História no ensino e nos meios de comunicação**. São Paulo: Ibrasa, 1984.

FREIRE, Paulo. **Pedagogia da autonomia**: saberes necessários à prática educativa. São Paulo: Paz e Terra, 1996. p. 59-60.

GOMBRICH, Ernst. **A história da arte**. 16. ed. Rio de Janeiro: LTC, 1999.

HOBSBAWM, Eric. **Era dos extremos**: o breve século XX. São Paulo: Companhia das Letras, 1995.

_____. **Sobre História**. São Paulo: Companhia das Letras, 1998.

JANOTTI, Maria de Lourdes Monaco. História, política e ensino. In: BITTENCOURT, Circe (Org.). **O saber histórico na sala de aula**. São Paulo: Contexto, 1998.

LIVRO de batismos da Freguesia de Nossa Senhora da Vitória. 1866, f. 27. Arquivo Público do Estado do Maranhão.

LOPES, Alice Ribeiro. **Conhecimento escolar**: ciência e cotidiano. Rio de Janeiro: UERJ, 1999.

MICELI, Paulo. Por outras histórias do Brasil. In: PINSKY, Jaime. **O ensino de História e a criação do fato**. São Paulo: Contexto, 2000. p. 31-42.

NAPOLITANO, Marcos. Fotografia como documento histórico. In: SCHMIDT, Maria Auxiliadora (Org.). **Caderno de História 2**: o uso escolar do documento histórico. Curitiba: UFPR, 1997.

_____. Pensando a estranha história sem fim. In: KARNAL, Leandro (Org.). **História na sala de aula**: conceitos, práticas e propostas. São Paulo: Contexto, 2005.

PERNOUD, Régine. **Idade Média**: o que não nos ensinaram. Rio de Janeiro: Agir, 1979.

PINSKI, Jaime; PINSKI, Carla Bassanezi. Por uma história prazerosa e consequente. In: KARNAL, Leandro (Org.). **História na sala de aula**: conceitos, práticas e propostas. São Paulo: Contexto, 2005.

REVEL, Jacques. Microanálise e construção do social. In: _____ (Org.). **Jogos de escalas**: a experiência da microanálise. Rio de Janeiro: FGV, 1998. p. 15-38.

ROCHA, Ubiratan. **História, currículo e cotidiano escolar**. São Paulo: Cortez, 2002.

SCHMIDT, Maria Auxiliadora; CAINELLI, Marlene. **Ensinar História**. São Paulo: Scipione, 2004.

_____. O uso escolar do documento histórico. In: _____ (Org.). **Caderno de História 2**: o uso escolar do documento histórico. Curitiba: UFPR, 1997. p. 7-17.

_____; PEDROSO, Luciana Castanho. Publicidade como documento histórico. In: _____ (Org.). **Caderno de História 2**: o uso escolar do documento histórico. Curitiba: UFPR, 1997.

SHORTER, Edward. **A formação da família moderna**. Lisboa: Terramar, 1995.

SONTAG, Susan. **Sobre fotografia**. São Paulo: Companhia das Letras, 2004.

THEODORO, Janice. Educação para um mundo em transformação. In: KARNAL, Leandro (Org.). **História na sala de aula**: conceitos, práticas e propostas. São Paulo: Contexto, 2005.

THOMPSON, Edward. P. **A miséria da teoria ou um planetário de erros**: uma crítica ao pensamento de Althusser. Rio de Janeiro: J. Zahar, 1981.

VASCONCELOS, Celso dos S. **Avaliação**: superação da lógica classificatória e excludente. Do "é proibido reprovar" ao "é preciso garantir a aprendizagem". São Paulo: Libertad, 1998.

VASCONCELOS, José Antônio. Pluralidade cultural: desafio à educação no Brasil. **Revista Profissão Mestre**. Disponível em: <http://www.profissaomestre.com.br/smu/smu_vmat.php?s=501&vm_idmat-662>. Acesso em: 29 out. 2006.

VYGOTSKY, Lev S. **Pensamento e linguagem**. São Paulo: M. Fontes, 1993.

Bibliografia comentada

BITTENCOURT, Circe Maria Fagundes. (Org.). **O saber histórico na sala de aula**. São Paulo: Contexto, 1998.

> *Nessa coletânea, a proposta é realizar a discussão de propostas curriculares e também das relações possíveis entre linguagem e ensino.*

DOSSE, François. **A História em migalhas**: dos Annales à Nova História. São Paulo: Edusp, 2003.

> *O autor constrói uma incisiva crítica à historiografia francesa, em particular à chamada Nova História. Apresenta a evolução da historiografia*

na França, a partir dos anos 1930. Sua leitura é imprescindível para compreender as influências exercidas pela produção francesa sobre a historiografia brasileira.

FREIRE, Paulo. **Pedagogia da autonomia**: saberes necessários à prática educativa. São Paulo: Paz e Terra, 1996.

A série de ensaios reunidos nesse volume proporciona a necessária reflexão que o professor deve realizar acerca da sua relação com o conhecimento, com seus alunos e sobre seu papel na sociedade.

HOBSBAWM, Eric. **Era dos extremos**: o breve século XX. São Paulo: Companhia das Letras, 1995.

Compõe, em conjunto com outros três volumes ("A era das revoluções", "A era do capital" e "A era dos impérios"), publicados pela Paz e Terra, indispensável referência para o estudo da História contemporânea.

KARNAL, Leandro (Org.). **História na sala de aula**: conceitos, práticas e propostas. São Paulo: Contexto, 2005.

Nessa coletânea de artigos, a intenção é provocar a reflexão sobre a natureza da docência de História e a influência que as propostas oficiais exercem sobre a definição de conteúdos e práticas. Apresenta também elementos que visam atualizar o professor sobre os saberes produzidos acerca de cada período da História.

PINSKY, Jaime (Org.). **O ensino de História e a criação do fato**. São Paulo: Contexto, 2000.

Os artigos, fruto de um seminário sobre o tema, permitem a reflexão, sobretudo, da abordagem que a História assume em sala de aula.

REVISTA NOSSA HISTÓRIA. São Paulo: Editora Vera Cruz.

Publicação mensal que apresentava sempre boas análises historiográficas, entrevistas e documentos que podem ser aproveitados em sala. Deixou de ser publicada em dezembro de 2006.

SCHMIDT, Maria Auxiliadora; CAINELLI, Marlene. **Ensinar História**. São Paulo: Scipione, 2004.
> *Como se trata de material direcionado para a formação de professores dos anos iniciais do ensino fundamental, constitui-se em ótimo ponto de partida para a reflexão sobre ensinar História.*

VASCONCELOS, Celso dos S. **Avaliação**: superação da lógica classificatória e excludente. Do "é proibido reprovar" ao "é preciso garantir a aprendizagem". São Paulo: Libertad, 1998.
> *A partir da análise da implementação da organização do tempo escolar em ciclos – tema sempre controverso –, o autor se propõe a analisar quais seriam os princípios e as atitudes docentes relativas à avaliação.*

Glossário

Anacronismo: pensar um contexto histórico nos termos de outro, geralmente tomar o passado a partir dos valores do presente.

Conceito: construção lógica e abstrata que pretende explicar uma dada realidade.

Diacrônico: diz-se de acontecimentos que ocorreram em temporalidades diferentes. Assumir uma perspectiva diacrônica significa perceber determinado fenômeno no decorrer da passagem do tempo.

Escola metódica: também conhecida como escola positivista, procurou dar caráter de ciência à História, tendo como premissas a adoção do documento escrito como fonte para o passado, em especial os documentos oficiais, e a narrativa das instituições, em particular a Igreja e o Estado.

Fontes primárias: são todos os documentos e objetos a partir dos quais o historiador constrói sua narrativa.

Fontes secundárias: é o conhecimento histórico já acumulado, o mesmo que historiografia.

Hagiografia: narrativa da história da vida de santos.

Hermenêutica: *grosso modo*, pode ser entendida como sinônimo de interpretação.

Historiografia: trata-se do conhecimento histórico produzido, o que já se escreveu acerca da História.

Imagens canônicas: diz-se das imagens (geralmente na pintura) inquestionáveis acerca de um fato ou de uma pessoa.

Indícios: o mesmo que fonte primária.

Nova História: como também é conhecida a terceira geração da escola historiográfica, inaugurada com o lançamento da revista *Annales*, na França dos anos 1930. Essa terceira geração é marcada pelo pluralismo de temas e abordagens, que seus críticos chamam de esmigalhamento dos objetos.

Sincrônico: diz-se de fatos e recortes historiográficos que acontecem em uma mesma temporalidade.

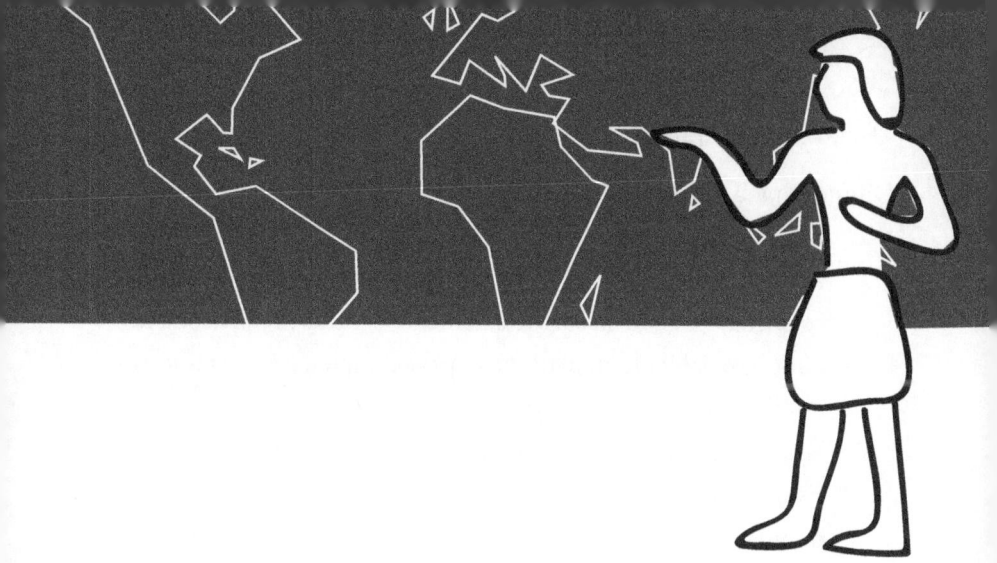

Gabarito

Capítulo 1

Atividades de Autoavaliação

1. d
2. b
3. c
4. d
5. a

Atividades de Aprendizagem

Questões para Reflexão

1. O poeta defende que a História deve contemplar todas as pessoas, não apenas os chamados *grandes vultos*, pois, se estes realizam os chamados *feitos memoráveis*, somente o fazem porque contam com o trabalho de muitas outras pessoas, que fazem a História em silêncio.
2. Essa visão não apenas pode como deve ser ensinada em sala. Essa é a forma de garantirmos que nossos alunos se compreendam como sujeitos da História, até quando executam ações as mais banais, como ir à escola, sair com os amigos, discutir com os pais.

Capítulo 2

Atividades de Autoavaliação

1. b
2. b
3. b
4. d
5. c

Atividades de Aprendizagem

Questões para Reflexão

1. Na perspectiva das pedagogias progressistas, o professor é compreendido como mediador entre o aluno e o conhecimento, o qual se encontra em processo de constante revisão. O documento histórico deve ser trabalhado para que o aluno perceba essa dimensão do processo de construção do conhecimento histórico e

também para que não apenas reproduza, mas também produza conhecimento.

2. Respostas possíveis: (a) Em uma abordagem tradicional, que apresentava a História Geral de forma cronológica, havia a abordagem de um único tema: o Estado. (b) Na escolha da abordagem temática, que incorpora boa parte dos avanços da historiografia contemporânea, deve-se ter como horizonte o tempo cronológico, para que não se perca a historicidade.

Capítulo 3

Atividades de Autoavaliação

1. c
2. c
3. c
4. a
5. c

Atividades de Aprendizagem

Questões para Reflexão

1. Razões que podem ser apontadas: tornar a História "viva", ao trazer para a sala indícios de como as pessoas viviam no passado; permitir ao aluno perceber-se como parte da História; aproximar a História ensinada da ciência histórica, da historiografia.

2. Respostas possíveis: identificar a autoria do material e o contexto no qual foi produzido; realizar a abordagem de forma a instigar o estranhamento; atentar para as técnicas que permitiram a produção do documento; identificar as intenções do autor, bem como (se possível) o impacto que provocou.

Capítulo 4

Atividades de Autoavaliação

1. d
2. d
3. a
4. d
5. b

Atividades de Aprendizagem

Questões para Reflexão

1. Respostas possíveis: imprecisão quanto ao objetivo da questão; adotar enunciados como "escreva tudo o que você sabe sobre" ou "dê a sua opinião acerca de"; as premissas do enunciado não terem relação com as conclusões das alternativas em questões objetivas; o contraste entre alternativas verdadeiras e falsas revelar-se muito evidente.
2. Possuir um caráter formativo, significa que ela acontece durante todo o processo ensino-aprendizagem, privilegiando não a classificação dos alunos, mas, sim, suas possíveis dificuldades para que o planejamento seja retomado e novas atividades, que conduzam à aprendizagem, sejam realizadas.

Sobre os autores

Claudia Regina Baukat Silveira Moreira é graduada e mestre em História pela Universidade Federal do Paraná – UFPR (1997; 2000). Já trabalhou na rede pública estadual do Paraná e é professora de História lincenciada da rede municipal de Curitiba, em que atuou na educação infantil e nas séries iniciais do ensino fundamental. Atualmente, é professora do Centro Universitário Positivo (Unicenp).

José Antônio Vasconcelos é graduado em Filosofia pela Pontifícia Universidade Católica do Paraná – PUCPR (1986), especialista em História e Cidade (1993) e em Filosofia Política (1995) pela

Universidade Federal do Paraná – UFPR, mestre em História também pela UFPR (1996) e doutor pela Universidade Estadual de Campinas – Unicamp (2001). Realizou também pós-doutorado pela University of Virginia (2006).

Os papéis utilizados neste livro, certificados por instituições ambientais competentes, são recicláveis, provenientes de fontes renováveis e, portanto, um meio responsável e natural de informação e conhecimento.

FSC
www.fsc.org
MISTO
Papel | Apoiando
o manejo florestal
responsável
FSC® C103535

Impressão: Reproset